人大重阳
RDCY
【RDCY Think Tank Series】
人大重阳智库作品系列

# 成就、思考、展望

## 名家解读新中国70年辉煌成就

庄毓敏◎主编　王文◎执行主编

中国经济出版社
CHINA ECONOMIC PUBLISHING HOUSE
北 京

**图书在版编目（CIP）数据**

成就、思考、展望：名家解读新中国70年辉煌成就／庄毓敏主编．--北京：中国经济出版社，2020.4

ISBN 978-7-5136-6131-7

Ⅰ.①成… Ⅱ.①庄… Ⅲ.①社会主义建设成就-中国 Ⅳ.①D619

**中国版本图书馆CIP数据核字（2020）第060275号**

责任编辑 贺 静
责任印制 巢新强
封面设计 华子设计

**出版发行** 中国经济出版社
**印 刷 者** 北京富泰印刷有限责任公司
**经 销 者** 各地新华书店
**开 本** 710mm×1000mm 1/16
**印 张** 12
**字 数** 160千字
**版 次** 2020年4月第1版
**印 次** 2020年4月第1次
**定 价** 69.00元
**广告经营许可证** 京西工商广字第8179号

**中国经济出版社** **网址** www.economyph.com **社址** 北京市东城区安定门外大街58号 **邮编** 100011
本版图书如存在印装质量问题，请与本社销售中心联系调换（联系电话：010-57512564）

# 目　录

中国金融 70 年筚路蓝缕　王国刚　/ 1

70 年来中国资本市场与经济发展共同壮大　赵锡军　/ 17

中国对外关系 70 年　金灿荣　/ 32

中国与世界经济的 70 年　翟东升　/ 45

从大历史看新中国 70 年　王义桅　/ 61

中国货币 70 年：货币是全社会的“记分牌”　周洛华　/ 77

中国银行业 70 年　庄毓敏　/ 91

大创新：70 年来的中国生产力发展　贾晋京　/ 111

中国财富管理 70 年：中国经济如何实现“弯道超车”　李　勇　/ 125

新中国 70 年：理解中国的历史转型　刘守英　/ 139

从 70 年视角看中国资产定价理论与实践　汪昌云　/ 148

智库史 7000 年？700 年？70 年？新型智库“七年之痒”？　王　文　/ 166

**附　录：中国人民大学重阳金融研究院研究成果书系**　/ 181

# 中国金融70年筚路蓝缕

王国刚*

中国经济发展是一个砥砺前行、风雨兼程的过程。在70年发展过程中，中国金融大致经历了探索建设社会主义金融体系时期新中国金融体系建设时期以及中国构建现代金融体系时期。70年来，中国的金融历史取得了巨大的经济发展和人民生活水平提高的成就，建立起了功能比较完备的金融体系，有效地防范并化解了金融风险。

**图1　王国刚教授在人大重阳“新中国70周年”主题系列讲座中作演讲**

* 王国刚，中国人民大学财政金融学院教授。

## 一、70年发展的简要历程

在70年的发展过程中，中国金融大致可以分为三个时期：

第一，社会主义金融体系探索时期，大约在改革开放之前。

第二，新中国金融体系建设时期，从改革开放一直到党的十九大。

第三，中国现代金融体系构建时期，“现代金融”一词是在党的十九大报告中首次使用的，所以我们以此来讨论后面这些历程。当然，也有人把这个词换了，将第三个时期称作“中国新时代金融体系”，意思是一样的，因为“新时代”一词也是党的十九大提出来的。

图2 王国刚教授讲座现场

### （一）第一个时期：1949—1978年

第一个时期（1949—1978年）的29年是中国探索建设社会主义金融体系的时期。这个时期又可以分为五个阶段，这里重点讲第一个和第二个阶段。

第一个阶段是国民经济恢复时期，这一时期新中国的金融体系开始萌芽，在这个萌芽过程中有几件事值得记录：

（1）第一件事是统一货币。1949 年之前，在中国这个地理版图上，货币种类相对太多，每个解放区都有每个解放区独立的货币，光解放区就有几十种货币；国统区也有很多种货币，如金圆券、银圆券。在这种情况下，1948 年 12 月 1 日，我国在将华北银行等几家银行合并的基础上设立了中国人民银行，并同时发行了第一套人民币，由此开始了统一货币的过程。当然，在这个过程中需要确立人民币的法律地位。因此，人民币的最初发行是一个兑换过程，在解放区用人民币兑换边币；在新国统区、刚解放的地区，用人民币兑换旧币。由此确定，所有的商品、工资、税收等都用人民币计价。人民币标价从这时候就开始了。

有人在讨论关于货币问题的时候，认为货币最初是由代发形成的，所以提出一个简单的命题，在金融学上就是说：存款转为贷款，一家银行收了存款，可以将这个存款发放为贷款。贷款放到哪儿呢？贷款人存在银行的账户上，所以贷款又变为存款。最近有人提出这是不对的，一开始就是贷款，所以只有贷款创造存款。其实这与历史不相符，人民币最初的历史是兑换，兑换的对象是什么？是人们原来的存款。只有在这个基础上，才能发生未来的贷款，所以一开始就要统一货币并确定人民币的法律地位。

（2）在这一阶段，第二个需要关注的对象就是证券交易所，证券交易所原来在国统区就有，后来我们接管了，但是并没有马上把证券交易全部取缔，我们还试图保留，甚至在整合的基础上重新运营，无论上海还是天津都是如此，但这些证券交易所后来却成为投机家的乐园，扰乱了金融秩序，甚至扰乱了经济秩序。所以，虽然开业了，后来还是被取缔了。结果成了“关闭证券交易所”。

（3）建立新的金融机构，实现外汇的集中统一管理。从鸦片战争到 1950 年 100 多年的历史过程中，我国出现过外汇盈余，在此之前我们的外汇都是赤字，这个成就在当时也是了不得的。遏制住了严重的通货膨胀，严重的通货膨胀从什么时候开始的？历史上没有找到根据，因为各个地方不一样。至少1937年以后，通货膨胀愈演愈烈，1948年，我们很快就遏制了通货膨胀，所以，在恢复时期，我们在金融方面采取了一系列措施，取得了重要成就。

第二个阶段："一五"时期。

这一时期是新中国金融体系的初建阶段，在这一阶段建立了高度集中的金融体系，包含金融管理体系、利率管理体制、高度的外汇管理体制，集中在哪里？中国人民银行，需要简单解释的是，这个时期的中国人民银行集中央银行和专业银行的职能于一体，因为当时还谈不上商业银行，或者说集经营型银行职能于一体，既是中央银行又是经营性银行。

1958年以后，中国金融又走过了三个阶段，变化非常大，用一句话来概括就是"艰难探索的跌宕起伏阶段"。1958—1960年的"大跃进"期间，打破了很多金融管理制度。

1960年以后，进行了整顿，整顿完以后金融又开始迈向正轨。1966年"文化大革命"以后又打破了，在这个过程中出现了一系列变化。

1977年以后，金融开始探索新的发展道路，开始了党的十三届三中全会的大调整。

### （二）第二个时期：1979—2017年

这一时期是新中国金融体系建设时期，同样分为五个阶段。

第一个阶段是1979—1984年，中国金融体系恢复阶段。中国在党的十一届三中全会以后迈出了改革开放的步伐，然而，直到1984年10月召开党的十二届三中全会，才作出了以城市为重点的经济体制改革的决定。尽管这一阶段改革开放的重心在农村，但在这几年中，银行体系逐渐恢复，信托公司迈出步伐，中国人民保险公司得以恢复，中国的金融体系建设开始逐步恢复。

第二个阶段是1985—1991年，中国金融体系的扩展阶段。资本市场、股票市场（从柜台交易到交易所交易）、融资租赁、典当公司等逐步形成。另外，1985年以后开始全面实行将原来固定资产投资由财政拨款改为由银行贷款。

第三个阶段是1992—2001年，进入中国金融市场化的改革阶段。1992年10月召开了党的十四大，党的十四大报告中明确了中国经济体制改革的目标是建立社会主义市场经济新体制，由此，“市场经济”一词第一次进入党和国家的正式文件中。此后，中国金融主要进行的是市场化改革。2001年12月11日，中国加入世贸组织，按照世贸组织对我们提出的要求，中国金融业对外开放过程中，银行业是五年过渡期，保险业是三年过渡期。所以，2002年以后，中国金融体系迈向了改革开放的新阶段。

第四个阶段是2002—2013年，工、农、中、建四大行进行了股份制改制，并且发股上市，取得了很大的成就。

第五个阶段是2014—2017年，金融体系全面深化改革阶段。党的十八届三中全会提出了“全面深化改革”，在这一背景下，一系列金融改革逐步推开。

### （三）第三个时期：党的十九大以后

党的十九大以后，是中国构建现代化金融体系的时期。主要内容有如下几项：

（1）加大防范金融风险的力度，我们都在强调这件事，因为一是经济在下行；二是经济结构在调整。与此相对应的，金融面上的情况是，风险在加大，险象环生。如果往前推一下，2013—2015年中国都预演过金融震荡乃至金融危机的现象，所以提醒我们要加强防范，否则系统性金融风险一旦发生，会导致金融危机，有可能我们从党的十八大以来所取得的成就，包括改革开放以后所取得的成就会毁于一旦。因此，加大金融风险防范既刻不容缓，又必须看到它的艰巨性。

（2）完善金融监管框架，建立了“双支柱”。调整金融监管的格局，从原来的“一行三会”改为“一委一行两会”。

（3）调整资产管理业务机制，颁布了资产管理新规。

（4）加快金融业对外开放步伐，2018 年 4 月，习近平总书记在海南博鳌会上专门对此作了重要指示，中国人民银行宣布了金融对外开放“11 条”。

（5）2019 年 2 月，习近平总书记在第十三次政治局集体学习时提出了深化金融供给侧改革的总题目。

## 二、中国的金融历史取得了巨大成就

回顾历史，中国的金融历史取得了巨大成就，从以下三个方面展开。

### （一）推进经济发展和人民生活水平提高

从金融方面来讲，主要有如下几项。1952 年流通中的货币 M0 是 27 亿元，到 2018 年是 7.3 万亿元；1952 年城乡居民储蓄存款余额是 8.6 亿元，到 2018 年已经到了 69 万亿元；1952 年各项贷款余额是 108 亿元，2018 年达到了 133 万亿元。1995 年之前，银行业是贷差，贷款余额大于存款余额；1995 年以后才是存差，存款余额大于贷款余额，中国迈过了资金短缺的“陷阱”。

### （二）建立起了功能比较完备的金融体系

（1）建立起了比较系统完整的金融制度体系。因为是法制经济，所以需要各方面的制度。中国所有的金融机构活动都在制度范围内展开，为什么我们强调金融机构活动呢？近年来，一些非金融机构在做金融业务，这些都还在整治过程中，到今天为止还未结束。其中包括所谓的互联网金融中的 P2P、网贷，都曾经热闹过一阵，因为它们注册的是工商企业，所以归商务部管，但商务部监管不了它们的金融活动；因为它们是工商企业，所以不归金融监管部门管，金融监管部门也管不着。因此，有一阵按照媒体的报道叫作“野蛮生长”，留下了一堆的“后遗症”。2016年4月，国务院出台文件整治，整治到今天都没有结果。当然，还包括一系列在金融中很活跃，但不是金融机构的，这该怎么办？

（2）建立了货币政策和宏观审慎政策“双支柱”调控框架。既关注调控货币总量，又关注结构性的运用，用这些总量来进行“精准滴灌”；同时，有很多活动本身是货币政策调控不了的，就像前文提到的，需要用宏观审慎进行调整。宏观审慎的根本点就在于防范系统性金融风险。所以，与此相关。

（3）建立了门类比较齐全的金融机构体系。中国现在的各类金融机构在门类上是比较齐全的，大致上海外存在的金融机构我们也都设立了。

（4）建立了种类比较合适的金融市场体系。我国的金融市场除了有证券交易所，还有银行间市场和期货市场，现在的期权市场也在发展中。

（5）建立了比较合理、有效的金融监管体系。尽管大家对金融监管中提出了这样或那样的问题，希望能够不断地深化改革，但是从比较角度来讲，这套金融监管体系符合中国的国情，在实际过程中也十分有效。大家可以回想一下，从20世纪70年代末到现在，几十年来，国际上发生了多少危机？中国却没有。我们也发生过一些事件，但很快用中国人的机智将其化解了。

（6）充分运用现代科技成果提高金融服务质量。在这一过程中，我们用了电子信息技术等，整个金融服务质量大大提高了，中国的手机金融服务全世界第一，这里的金融服务质量提高了。

将这6个方面的内容概括下来，需要弄清楚的是，为什么把科技金融服务放在最后，因为我们认为是这基础性工作。最近的一些研究中，有些人可能过分夸大了科技的力量。远的不说，从互联网金融开始，有人就在讲，这个要颠覆金融，在历史发展过程中，从第一次产业革命到今天，科技发展高歌猛进，对产业业态也有极大的影响，产业业态都有了实质性的调整。但是不管科技怎么发展，市场经济的基本机制、内在规律不会因为科技发展就被颠覆掉。人类的活动如金融等经济活动，会自动地存在下去。

所以，科技有利于经济、金融的效率，但不会颠覆经济和金融。

### （三）有效防范并化解金融风险

（1）有效清理并处置不良资产。

（2）整顿金融机构的经营运作。过去30年中，对金融机构进行整顿的经营运作频繁发生，仅仅对信托投资公司就进行了6次整顿，对证券公司进行了3次整顿。2004年10月—2005年上半年，对证券公司进行了大整顿，整顿的结果是1/3以上的证券公司关门。所以，我们整顿的力度是很大的，对农村信用社等的整顿都很多。这些整顿为了什么？一是防范风险；二是能够使市场秩序得到维持。因此，这种整顿不是通过大危机来个大破产的方式进行，这恐怕是中国在化解金融风险中需要注意的地方。

（3）补充资本金。

（4）抑制金融市场的异常波动。中国金融市场有过多次波动，最近的是2015年的股灾，关于这次股灾，习近平总书记说过一句话："我们采取果断措施，避免了一次金融危机。"

（5）强化金融机构的内控机制。

（6）坚决打击违法违规金融活动。

这是我们在化解金融风险方面所采取的一系列举措。

## 三、70年的历史经验

70年的中国金融，应该说是经历了曲折坎坷和波动起伏，但是作为中国经济的一个构成部分，始终本着符合国情、实事求是的基本精神，走出了一条与西方金融发展不同的道路，为发展中国家的金融发展积累了宝贵的历史经验。

那么，中国走的道路与西方金融发展道路不同是什么意思？西方的金融和产业革命从 10 世纪末开始算起，是西方国家在混沌中摸索、探索出来的，这个过程中经过了几十次危机，也有一系列惨痛的教训，然后在摸索中逐步地清晰化，建立起制度，建立起规矩。但是中国的金融，由于我国进行了改革开放，改革有什么要求？改革的要求是，当要作出这样的举措时，要讲道理。但是西方理论没有这种道理，因为它是摸索过来的。所以到今天为止，在金融市场和资本市场，西方基本没有什么立意，只是结果。但中国不同，得探讨，得说理，这就不一样了，这个理说出来要让大家有共识，有了共识才能有共同的行动，才能成为某种具体实施中的举措，这是中国的不同之处，并且中国一直在讨论中。

## 四、中国积累的宝贵经验

### （一）坚持以推进经济发展为第一要务

我们都知道，中国的经济和金融存在许多问题，所有这些问题都可以用一句话来形容：“是发展中的问题”，发展中的问题必须在发展中解决。所以，以发展为第一要务。离开了发展，也就失去了解决问题的基础。我们在探索中不可能一蹴而就，所以要“摸着石头过河”，20 世纪 80 年代我们在中国人民大学读书时都知道这句话，同学们也都在讨论，面对如此大的改革，我们缺乏一张“蓝图”。后来经过几十年的改革才知道，实际上“摸着石头过河”就是当时的一种顶层设计。因为在那个时候，很难找到一张完整的“蓝图”，中国刚刚迈出步子。为什么说它就是顶层设计？这里列出了 5 个方面。

（1）目标和取向清晰，即“过河”，就是中国经济要走法制化、市场化、国际化的道路。改变原来闭关锁国的状态，目标非常清楚。

（2）方法基本明确，即“摸着石头”探索，一步一个脚印。现在来讲，就是抓铁有痕。

（3）实践创新。因为如“摸石头”一般没有条条框框，摸什么“石头”没规定，就要发挥实践中亲历者的聪明才干和创造精神。

（4）逐步前进，不是急于求成的，即“摸着石头”一步一步踏实前行。一旦发现有问题，就及时解决，避免造成大的失误。

（5）“摸着石头”没有确定的时空和空间的限制，没有规定多少年内必须完成什么任务，就为我们的时空选择留出了充分的余地，可以由先行者完成，也可以由后行者完成，但要避免出现共振效应。所以中国的改革和发展有韧性、有弹性、有灵活性。

因此，关于“摸着石头过河”，我们30多年后再去体会它时发现，如此简单易懂的表述背后深藏着中国经济金融发展的内在机理。

### （二）坚持维护金融运行秩序的稳定

所有的金融活动都属于商业性活动，交易属于私人品范畴，由此就出现了一个问题，即当这样的市场混乱了，公权力怎么进入？它可是商业性活动，是私人品的天地。为什么要强调法制？尤其在金融活动中特别强调两句话：一是“三公”原则，即公开、公平、公正；二是保护金融消费者权益。为什么要这样做呢？其原因是，金融活动中所形成的市场秩序本身是一种公共品，这种公共品不仅影响金融本身，还影响到千家万户、千厂百店的利益，而且影响到社会秩序的稳定，这样也就是实际界定了另一个事：金融机构的外部性有很强的公共性，它的外部性有了这些公共性，金融机构在监管中就需要特别严格。

道理很简单，如果你开的是一家餐馆，餐馆倒闭了，人们去另一家就可以。如果你开的是一家银行，它倒闭了，那么人们的存款找谁要？外部公共性就出现了，所以它需要有特别严格的监管。关于严格的监管，中国大致上有两种模式。在计划经济时期，由于我国的经济资源主要由政府配置，中国的金融由政府主导是必然的，整体在政府的体系中运行，中国人民银行是财政部的一部分。

改革开放以后，虽然金融体系，包括中国人民银行，从财政部分离出来了，形成了相对独立的金融体系，但是从稳定金融秩序、开发建设金融市场角度出发，在一定时期内，金融的改革开放依然应该由政府主导。这一点很重要。为什么很重要？其中一个原因是，在第二次世界大战以后，一批西方经济学家到这些发展中国家去考察，写了一本又一本书、一篇又一篇文章，这些书和文章后来被人们整理出来，形成了“发展经济学”的内容。

这里有一个非常有名的概念——“贫困恶性循环陷阱”，为什么发展中国家贫困？是因为它们贫困。其含义是什么？简单来讲，就是说这些发展中国家太贫困，生产出来的产品仅够人们甚至还不够这些人们消费。由此，简单再生产就要发生。如果自然气候条件、外部贸易条件等不发生变化，它们仅能维持简单再生产；一旦外部条件发生变化，如气候条件发生变化，它们有可能只能进行萎缩再生产。所以，贫困导致了它们贫困。

破解贫困的方式是什么？有些经济学家认为，那就是外援，由发达国家提供资本给发展中国家，由它们从简单再生产转为扩大再生产。这些外资进来，且数额巨大，同时带来了先进的技术和管理，由此将发展中国家的经济控制在手，所以过去有句话：“以前是政治军事的殖民地，以后就有了经济的殖民地”。这要是放在中国，问题就复杂了。1995 年之前，中国在金融面上是贷差，贷款大于存款，表明我们严重缺乏资金，如果我们也走这条路，今天就无法讨论中国 70 年的辉煌了。在这一过程中，我们如何破解这个难题呢？就是用银行信用，即存款变贷款、贷款变存款的资金膨胀功能，让我们走过了这个“贫困陷阱”。

问题是如果国内的这些银行不是政府控制的国有银行，像银行信用这样的膨胀就会很困难，会按照这家银行本身的利益来讨论，会考虑这些投资投资人该不该做。所以过去中国的经济由政府主导是必然的，由于有政府主导，我们在经济社会方面一是没出大乱子，二是我们的发展是始终一路推下去的。政府在金融改革开放方面的主导作用，主要表现为以下五个方面。

（1）主要金融机构实行国有独资或国有控股。到目前为止，中国银行业的工、农、中、建、交五大行是国有控股银行。2018 年习近平总书记在博鳌论坛上提出了金融对外开放，就有一些人担心中国的银行命脉，也就是担心银行都被外资控股了。实际上这些担心是不必要的，因为工、农、中、建、交五大行的股份主要是国有控股，国有控股的这个股份是不会往外卖的，因此，不用担心我们银行的命脉会被外资控制。在保险领域，如中国人寿保险、中国财产保险、中国再保险都是国有控股的，这有利于维护国家金融主权，避免金融秩序混乱乃至金融运行被他人所掌控。

（2）主要金融业务的经营权由金融监管部门审核或批准。主要的原因在于，这些经营权做什么业务、怎么做，我们有很多不清楚的，所以中国屡屡做试点，就是找几家金融机构先做试点，通过这个试点来寻求我们的制度。不然会出现一个逻辑矛盾：是先有这种金融活动还是先有监管这些金融活动的制度？如果先有制度后有金融活动，那么怎么知道制度怎么定的呢？如果先有活动再有制度，那么这些活动没有制度怎么做？尽管有些活动在海外已经有了，我们可以参考海外的一些经验教训和海外的制度，但这套东西搬到中国来是会有变化的。所以，在这里需要一步步展开。

（3）主要金融产品的面世要经过金融监管部门的论证和审批。我们比较能深切体会到的就是网贷，因为没有经过金融监管部门论证，所以留下了一系列“后遗症”。

（4）主要金融市场的设立由金融监管部门审批。

（5）各项金融活动要置于金融监管部门的有效监管之下。

（三）坚持“以我为主”的发展原则

因为我们要发展的是中国经济，是中国金融，既然是中国的经济和金融要发展，当然是以中国为主。所以在这个过程中，我们始终强调要利用外资，但不能依赖外资。这里面有两件事得分开。因为很多人认为，在中国计划经济 30 年中，闭关锁国来源于独立自主，这个说法本身是不对的。所以，我再讲中国计划经济 30 年主要不在于坚持独立自主、以我为主的原则，我们必须要坚持独立自主，为什么会出现闭关锁国呢？主要是西方国家对我们实行了各种封锁。在这种封锁条件下，我们很难开拓国际市场。这是一个历史时期的问题。

在改革开放时期，我们始终坚持以我为主，无论是金融机制还是配置资源，在这个过程中，我们始终要把握住这一点。

（四）坚持从本国实际出发

中国整个金融体系的建设阶段是在 1979 年以后，前面是探索阶段，这时候从中国人民银行分离出来。1979 年的国际背景是什么？当时正是美国、欧洲，尤其是美国金融创新高歌猛进的时候。20 世纪 70 年代末，以美国为首的发达国家的金融创新的含义是什么？实际上指的就是通过大力发展资本市场直接金融，来改变原来商业银行占整个金融体系主体的状态，所以出现了另一个词——“金融脱媒”，这里的“媒”是指商业银行金融体系当中的媒介机构，所以要脱离它。如果这时我们跟着西方国家走，降低商业银行在整个金融体系中的地位和功能，将金融市场、资本市场全部关闭，就走不出现在这样一条路。有些发展中国家也是这个原因，盲目跟着走，到后来就出现了问题。中国没有跟着走，而是从中国本国国情出发，选择了着力发展以银行信用为特征的间接金融体系，由此才有了我们刚才所讲的，我们克服了资金短缺所引发的各种问题。

在 70 年间，中国坚持从本国经济发展要求出发推进金融改革发展，使得中国能够在错综复杂的国际金融形势变化条件下，不盲从、不跟风、不迷信，走出了一条符合中国国情并且快速可持续发展的金融前行之路。应该讲，中国金融已经取得了举世瞩目的成就。

这里需要强调的是，我国的金融改革发展过程也是一个金融创新的过程，在金融创新中，我们强调既要吸取国际经验，又要坚持契合实际。以美国2008年金融危机为例，其起源于次贷危机，一说到缩略语时，一些人就望文生义，认为是次级贷款或次级抵押贷款危机。这是错误的，可以看一下，2007—2008年，美国倒下去的那些金融机构主要不是住房次级抵押贷款的机构，而是购买它们证券化产品的机构，所以这场危机的全称应该是“次级住房抵押贷款证券化危机”，它是证券化出现问题了，引致债券市场等出现问题。而对于这样的资产证券化问题，中国早就在讨论了，20世纪90年代就已经展开了，讨论十几年以后，到了2005年才开始迈出试点的步伐。当时开发银行开始了试点的步伐，2013年以后才开始推开，这表明一个什么问题？我们对这件事情的态度是，“摸着石头过河”要慎重，一步步来，要以我为主，而不是“跟着跑”。

### （五）坚持服务实体经济的初心，不忘初心

70年来，中国不断根据实体经济的发展要求和结构调整，适时调整金融政策和金融市场走向，以协调和强化金融业与实体经济之间的融合关系。在金融改革开放40年间，中国金融经历了多次整顿，其中包括金融制度的调整、金融监管体制的调整、金融机构的调整、金融市场的调整和金融产品的调整等，其直接目的都在于不断调整金融发展和实体经济发展的关系。这样的例子不胜枚举。

### （六）坚持守住不发生系统性金融风险的底线

中国也在坚持守住不发生系统性金融风险的实践当中，到目前为止，除了中国举国上下有共识之外，从党中央开始抓到各地方，其他国家没

有。美联储顶多是说说而已，英国的金融监管局也是说说而已，并没有举国一起来执行这一工作。由此可知，整个体制不一样，结果也会不一样。

中国充分借鉴国际成熟经验，结合本国国情，在这个过程中，建立了有效的风险防范机制、预警体系和应急体制。各项金融产品的处理、各项金融市场的建立、各种金融功能的展开等，都对可能面临的金融风险进行充分论证，积极探讨防范和化解这些金融风险的政策措施。在这些风险没有弄清楚的情况下，我们“宁慢勿急”，也就是宁可慢一点也不着急，市场证券化就是如此。

尽管20世纪90年代以后，每年都有一些海外机构和专家不断地预测中国要发生货币危机、金融危机等，但他们屡屡失望，中国到今天为止也没有发生危机。在这一过程中，中国的可持续发展能力不断增强。

## 五、总　结

第一，70年的中国金融是创造辉煌奇迹的70年历史。曾几何时，西方的一些机构和学者喋喋不休地对中国的金融前景说三道四，似乎离开了西方模式就是“大逆不道”，就会半途夭折。如今，在国际金融危机反思中，越来越多的国家和有识之士认识到，中国道路可能更优于西方道路，是发展中国家可选择的发展道路。再往后可以看得更加清楚。在10年前的一个场合，有一个法国人，原来是驻上海领事馆的商务领事，他职位到期后，法国政府将其免职。免职以后他就有两种选择：一是回法国；二是留在中国。结果他选择留在中国做生意，做的是什么生意呢？中法之间商务往来和文化往来的生意，他开办了一个公司。我们问他，为什么你们动不动就在抹黑中国，中国确实有不足的地方，但也不是你们讲的那样。他说的一番话很有意思，他说他们这些人的父辈、祖辈都是如此，这一两百年都教育他们，他们的这种模式，无论是政治、社会还是经济模式，是全世界最好的、人类最优秀的，所以他们信心满满，走到哪儿都觉得他们都是最优秀的。谁知道出了一个中国，过去30年跑得比他们都快，这让他们回去怎么交代？所以，他们只好用各种报纸、媒体告诉人们，中国有这个问题、那个问题，等等，以此来平衡他们的心理。所以他认为我们中国根本不必理会他们，有什么不足的自己弥补，该发展就发展，继续下去。再过30年，可能讨论的问题不是中国有哪些不足，而是西方这一套所谓的信念还在不在，也许要发生信念危机。所以，30年以后我们再来讨论，可能会看得更清楚。

第二，坚持中国特色社会主义道路，在发挥市场机制决定性作用和更好发挥政府作用的条件下，积极推进中国金融的供给侧结构性改革，与时俱进、砥砺前行，别以为后面的道路都那么平坦，中国金融将取得更加令世人叹惊的历史奇迹。

（本文由王国刚教授于2019年9月25日在人大重阳“新中国70周年”主题系列讲座中的演讲整理而成。）

# 70 年来中国资本市场与经济发展共同壮大

赵锡军*

中国资本市场牢牢吸引着全球的关注，从无到有、从小到大，取得了诸多成就。从创设沪深交易所到实施股权分置改革，再到设立科创板并试点注册制等一系列改革措施落地，资本市场发展在新中国 70 年的历史上留下了浓墨重彩的一笔。

**图 1　赵锡军教授在人大重阳“新中国 70 周年”主题系列讲座中作演讲**

---

* 赵锡军，中国人民大学财政金融学院副院长。

## 一、中国资本市场发展基本情况

如果以证券交易所、股票交易所作为一个国家资本市场建立的标志性的机构，新中国的资本市场是从1990年正式设立上海证券交易所、深圳证券交易所开始建立的。

交易所是在我们国家一个非常关键的时期设立的，当时争议也非常大，我国改革开放的总设计师邓小平同志在南方谈话期间定调推进改革开放，而资本市场是改革开放一个重要的窗口。要推进改革开放，这个窗口就要打开。在这个基础上，资本市场开始建立起来，交易所作为主要的代表性机构开始设立。但是，一直到1998年新中国第一部《证券法》颁布之前，这个市场是试点的状态，就是说如果市场出了问题，我们可以将它关掉。

尽管现在看来资本市场发展的规模、产品以及上市公司的数量等各种各样的数量指标都发展得不错。在全球所有资本市场中，中国的数量指标名列前茅。按时间来算，从1990年开始做这件事情，不到40年的时间，甚至不到30年的时间，因为资本市场的建设比改革开放还要晚，在这么短的时间内有如此大的成就确实非常了不起，也非常可贵。

在这一过程中，邓小平同志的支持是非常重要的。另外，在一系列推进过程中，有各方面的共同努力和坚持，包括上市公司、证券公司、监管部门，更重要的是投资者，大家都觉得资本市场不够成熟，但投资者都是义无反顾地进入这个市场，支持这个市场，甚至冒着在这个市场发展中发生亏损，甚至被淘汰掉的风险。从投资者开户数量来看，中国应该是全球所有交易所中最高的，大家对这个市场的支持力度非常大。

说到中间的变化，如法律法规不断推出和完善，特别是《证券法》的实施和生效，起到了非常重要的作用。如果没有《证券法》，这个市场就一直是试点的状态。所以《证券法》的实施是非常重要的事情，因为市

**图 2　赵锡军教授讲座现场**

场，特别是金融领域的市场，金融交易和金融产品本质上都是各种不一样的权利义务关系，是靠法律制度约束的，如果没有法律制度的约束，市场的交易就很难完成。

还有一个十分重要的事情就是改革，改革有很多，就我的经历来讲，我从 20 世纪 90 年代初期开始观察和研究这个市场，同时从事这方面的教学工作。在 90 年代初期开始建立这个市场的时候，有一个很大的特点，就是很多公司是由国有或者国有控股企业改制上市的，改制上市的过程中有大量国有股权和上市以后发展起来的非国有股权，普遍存在两种不同的股权如何相处的问题。当时分别制定了不同的规则，其中重要的差别是关于国有股，规定国有投资人控制的法人不能流通，后来才慢慢进行改制或者改革。这就带来了股权分置的问题，也就是说，同样的股权，有的能流通，有的不能流通，国有股权比例很高，经过流通会产生巨大的压力。

但是，无论流通与否，不同的股权是否一定会有同样的权利？现在看来都发生了很大的变化。原来都是同股同权，但是现在有不少交易所、国家对股权的安排，或者在法律方面并不是一定要同股同权。就国有股权和其他股权相比，由于它不能流通，就会在市场上带来一系列不同的诉求。因为控股股东是国有投资者，会导致市场上对公司发展的理念、发展的追求或者利益的诉求等与市场后来购买流通股形成的投资者之间的诉求不同，会传递出不太一致的信号，给市场的走向带来不稳定的因素。在这种情况下，就股权分置来说，这个改革是比较成功的，从2005年前后开始推进股权分置改革，到2010年前后逐步完成，基本方案都通过了。国有股要上市有一个基本措施，必须得符合对价，通过上市流通股的投资者和非流通国有投资者之间进行商定来确定对价，这体现了市场的原则。

随后是各种关于上市挂牌的制度安排。最初，我们建立这个市场的时候没有考虑要把它作为配置资源的重要机制，当时更多的是作为改革开放的窗口，同时也是为了解决一些企业融资的问题。现在我们把它看成进行资源配置重要的机制，或者有更多的目标、更加高远的一些战略目标，在发展过程中我们不断认识到了它们的作用，不断把这个作用更好地发挥出来，认识提高了，进行了各种各样的改革，让它们的作用发挥出来了，这是一个发展的过程。

在这个过程中重要的是上市制度的改革。最早上市叫作审批制，因为当时还是有相当大成分的计划经济存在，各种经济资源的调配主要是靠国家的计划，包括在调配上市资源的时候也是通过计划来完成。当时要发行股票并不是满足什么条件都行，主体并不是上市公司或者股东，而是国家计委，即现在的国家发展改革委。由它来决定当年发行多少额度的股票，然后列成不同的计划，分配到不同的省份，各部门、各省份拿到这个额度，然后组织上市企业进行改制上市。这就是20世纪90年代上市制度的改革。现在看起来，我们已经往前走了很大一步。

后来大家觉得这种做法对于配置资源不是特别理想，才开始慢慢地改革。改革的过程中有各种不同的考虑，但总体来讲还是朝着市场化的方向改革。随后就采取了所谓的核准制，国家计委的角色慢慢淡出，即由监管部门来审核是否符合发行要求，如果符合就批准发行。所谓的核准，即由监管部门来建立或者设立审核的一些机构，进行上市公司资格材料的审核，通过以后批准发行。这就是核准制，一直到现在，现在的主板、创业板、中小板都是采取这个制度。

上市公司在发行过程中，主动权已经增加了很多，但最终是否能上市还要由监管部门核准，但已经是市场和监管部门共同发挥作用的过程。

2019 年 7 月，一个新的制度诞生，就是科创板的注册制，原则上按照目前操作来讲，监管部门不再负责批准上市的事情。第一批 25 家挂牌公司基本上是由市场或者由市场的机构、市场的人士来完成选择和上市的材料、条件的审核。具体材料或者审核的职责下沉到了交易所，交易所是理事会的架构，不是监管部门，但是它对市场承担责任。

从这个角度来讲，从审批制度到核准制再到注册制，确实是不断市场化的过程，市场的作用在不断提升。

当然，我们最近也看到，在注册制下，监管部门仍然拥有批准注册和不批准注册的权力，也有一些公司，尽管市场交易所已经认可，但是管理监管部门有不予注册的权力。所以并不是所有的上市，所有的要求、过程、权利都是由市场来做，这中间仍然有市场和管理部门之间的协同。

另外，产品也好，市场的结构也好，这些变化就更大。当时上交所成立时是 8 只股票，在 1990 年、1991 年市值不过 50 亿元，深交所成立的时候才 4 只股票，加在一起十几只股票仅 50 亿元市值。但是到现在来看，发展非常快。无论是从上市公司还是从产品和结构来看，它的变化是非常大的。

如果说交易所的建立是一个标志，构成资本市场的要素除此之外最基础的是上市公司。我们的上市公司或者股份制的企业，比交易所的建立要早。比如第一家股份有限公司是 1984 年 7 月 20 日成立的北京天桥百货，但它并不是第一只公开发行的股票。第一只公开发行的股票是上海飞乐音响公司，发行了50万元股票。第一次交易也并不是在交易所，在交易所集中交易机制制度确立之前，市场上已经有一些柜台交易。第一个组织柜台交易也是在上海，1984年中国人民银行上海市分行批准在上海建立了一家工商银行上海静安分公司营业部，资本市场基本要素20世纪80年代中期开始出现，交易雏形也逐步建立起来，如果说到债券，就更早了。

90年代初期要建立交易所，第一任中国证监会主席是中国人民大学财经学院的校友，1990年他是中国人民银行副行长，开始组建资本市场、证券市场，他受中央委托管理这个部门。但是当时大家谁也不知道，在不知道的情况下要做研究，要进行舆论的引导，进行培训，传播知识，扩大影响，让社会公众能够了解。受他的委托，中国人民大学成立了金融与证券研究所，当时叫作证券研究所，开始帮助证监会来做研究的项目。同时还有一个重要工作就是组织从业人员的培训，先是有培训的教材、大纲，后来又有了从业人员资格考试、组织题库等。当时研究所与市场很多机构，包括交易部门、管理部门都有着非常密切的联系。因为当时证券行业的从业人员不具备非常好的证券业的知识，更谈不上经验，很多都是从银行业、信托业、非银行等其他领域转过来的，在知识方面还要进行学习和培训，起步难度大，经历了一个十分复杂的过程。

从我们教育工作者的角度来讲，强调能力素质提高的重要性，但是道德、操守方面的培养更重要。

金融行业无论是机构还是个人，都是非常重视信用的。所以从比较宽泛的角度来讲，要尽可能在这个行业里不会发生很多负面的东西。从风险控制的角度讲，金融行业有专门所谓的信誉风险，我们称作声誉风险，是风险控制需要考虑的要素。

其实，提供多少资金并没那么重要，建立一个新的通道，为整个国家各行各业的发展提供了一个新的方向更为重要，特别是将来中国经济如果真的在全球经济中占据领先地位，没有一个领先的金融业，没有一拨领先的人才，是很难的。从这个意义上讲，制造业要有高端、中端和低端，有技术含量的高的拔尖的头部的企业、技术和人才。金融行业同样如此，这个领域还有待进一步提升。

证监会建立以后，这个过程就慢慢规范化了。

到现在，经过多年的发展，成绩是非常大的。交易所设立到现在不到 30 年的时间，从小到大，从无到有，从无序到有序，从很多人不关心，甚至很多人反对，从没有什么影响，到现在影响越来越大。这个过程非常复杂，而且变化很大。

从变化来讲，我们现在多层次资本市场架构已经基本搭建完成，从制度的安排来看，我们有主板、中小板、创业板、科创板，这些都是集中交易的交易平台。有场外的新三板，还有各地区的、地方的股权中心等，在股权交易之前的 PE、VC、天使投资等一系列投融资工具都已经具备。从法律层面尽管可能有些不够完善，但是各种规范、市场的法律法规都已经有了。从品种来讲，除了某些衍生类的品种相对欠缺外，各类品种都齐全了，可能欠缺股票期权交易或者期权产品的交易。

这些都表明我们基本的架构已经搭建起来，当然，这里非常重要的一点是，我们建立这个市场最初的想法就是要为企业融资，这个想法一开始非常强烈，慢慢发生了一些变化，按照我们的观察，已经开始从融资进入了资产管理，融资和投资慢慢开始并重。这也是大家认识的提升、需求的变化。因为以前都是企业要用钱，所以当然可以做，现在有越来越多的机构和投资者进入，个人投资者也越来越关注自己的投资，投资的需求就越来越重要了。从观察市场的角度来讲，已经引入融资的阶段，发展成为和资产管理并重。但是否能够说已经进入成熟阶段，还不敢说。至少如果能够做比较好的存量调整，可以更好地配置资源，显然这一块与全球相比还有差距。

另外，更重要的一个功能是风险配置还没有到那个阶段，但随着我们开放度的不断加大，同样伴随着风险的配置，这些都会发展起来，也会越来越成熟。

1999—2016 年，境内股票发行投资额度和银行贷款增加额度比例在大部分年份相对当年银行贷款有所增加。在股市，新发、增发、配售等都不是特别高。最高的时候是在 2007 年，市场发展得非常好，比例在 20.21%，其他都在 10%，甚至 10% 以下。关于规模，有不同的统计，其中包括贷款情况、期货市场情况，期货市场有不少已经在国际上数一数二了。

除了这些数据，我国的监管工作也在不断加强。监管方面除了各种各样的法律法规，很重要的是处罚的情况。从处罚案件的数量来看，2013—2015 年，监管力度增长非常快，到 2016 年，每年都有增长。从监管层面来讲，也是越来越强化。

## 二、资本市场发展的五大突出贡献

一是对体制改革的贡献——促进了社会主义市场经济体制的形成和完善。市场经济由多种所有制成分构成，而在市场上发挥作用的单位是企业，企业在市场经济下是股份制企业。因此，股份制是市场经济最核心、最基础的制度安排，也是资本市场最核心的部分。上市公司作为股份有限公司的制度安排，对整个社会主义市场经济微观层面的核心起到很大的作用。现在发行、交易、资源配置、风险配置等都逐步形成和建立起来，资本市场在整个社会主义市场经济制度的总体设计中地位十分重要。

二是对实体经济的贡献——促进了经济增长。从长远来看，资本市场的建立和发展对实体经济增长的作用，不能简单用给企业提供多少资金和融资来衡量。20 世纪 90 年代中后期，中国商业银行不良贷款率很高，有人认为中国商业银行体系技术上正走向破产，如不加以改革，往后的发展就很困难。之所以能给企业提供信贷，归结为 21 世纪初完成的商业银行的股份制改革，剥离不良资产，公开发行股票，这样才有商业银行充足的资本金和补充渠道，才能持续不断地给企业、给经济提供越来越充分的信贷。

三是对金融业的贡献——促进金融业发展。在资本市场发展以前，金融业非常单调，资本市场发展起来以后，金融才有了一个非常新的通道——证券业，新行业带来了新的理念、新的机会，也打开了新的空间。

四是对个人财富积累的贡献——促进了个人财产收入的增加。投资者投资获得的利润和付出的代价是什么？如果单纯从数量来讲并不是很好，大家觉得可能挣钱的人不多。但是从市值来看，股份和市值的增加，意味着整个资本市场中总体财富是在不断扩张的，如何高效利用这些财富？比如要把国有上市公司股份划到社保，个人作为投资者参与进来，实现国家发展且藏富于民。从投资的角度来讲，按照金融证券研究所的观察，也是慢慢从融资转向投资，所以对于市场投资的功能，投资的回报以后会越来越重要。

五是对民族文化创新的贡献——促进了社会公众金融意识的提高。很难想象，公众从特别反感股市，到现在理所当然地将其看作社会主义市场经济不可分割的一部分。

## 三、资本市场存在的主要问题

一是对证券市场缺乏正确的理解，认识上存在偏差。二是市场投机色彩相当明显，波动较大，市场投资功能明显不足。三是信息披露和市场透明度有待进一步改善。四是在证券市场制度设计上存在较大的偏差。五是证券市场发展存在政策上的不明晰。六是市场化程度不高，非市场性力量配置资源的现象依然存在。七是国际化水平不高，离国际金融中心的标准还有很大差距。

资本市场的问题存在宏观和微观两方面的原因，外在宏观经济发生变化，金融结构、资金供求不一定能够适应宏观环境的变化，会带来资源错配，有些领域资金过剩，而有些领域资金不足，说得比较多的就是融资难、融资贵的问题。

内在原因包括制度的设计，发展的理念、结构、管理，上市公司自身的问题，投资者与现在这个问题有着各种各样的联系。

## 四、两个挑战，如何面对？

### （一）科技的发展

作为经济发展新的重要力量，科技发挥着越来越重要的作用，这个重要的作用对经济发展已经不可或缺，不仅仅是本国经济发展，而且在各国竞争中也发挥着越来越重要的作用。这个作用是否决定了经济，甚至整个国家将来发展是否顺畅，是否能够在与别国的竞争中胜出？这一点看得越来越清楚了。

中美从一开始贸易方面的冲突，然后向其他领域蔓延，现在大家可以看到的就是科技领域。科技领域的发展，本来我们认为这是我们自己的事情，我们提了“中国制造 2025”，要在不同领域的制造业提升自己。但是美国人不认可，说明这件事情可能不仅仅是我们自己就能说了算的，它会产生影响，而且这种影响可能越来越强烈，已经变成了一种科技领域的竞争。

科技的作用在未来经济社会发展中有着不可或缺甚至是主导的力量，在金融领域，如何让科技的发展更加顺利、更加高效，那就要有很多考虑。“中国制造 2025”是从制造业的角度考虑，从金融服务的角度也需要考虑，所以为什么在非常短的时间内就推出了科创板，而且是习近平总书记亲自宣布我们要创设科创板。

这里我列了科创板创设的一些过程。是否推出就意味着万事大吉了？并不能这么早下结论。实际上，科创板的建设才刚刚起步，资本市场如何能够更好地为新的经济增加动力，有很多需要做的工作，科创板本身的改革和完善才刚刚开始。

科创板的改革会对整个资本市场制度新的完善产生作用，但是不能仅仅站在资本市场制度本身这个角度看待科创板，更重要的是，我们要把它放在经济结构的调整中看，发展模式的转变和我们整个产业的升级换代、新的经济动能的培育，以及创新能力的建设，赋予了其很多其他内容。大家都有很高的期待，这个期待是我国经济在往后发展过程中是否还能恢复或者重复改革开放 40 年的辉煌。为什么新的技术出来以后，大家都非常热情、非常关注？对于某一项新的技术，如果我国的企业或者机构在这个领域走得比较超前，有了新的发展，大家都很高兴，这就是大家的期待。这是新的阶段和新的要求。

对资本市场新的要求就具体体现在科创板的建设方面，先是引进了注册制，同时加大了市场的力量，加大了信息披露的要求，等等。但是现在这些做法是否能真的能够承载起我们的期待、我们梦想的实现？我们还不能完全做到这一点。

什么时候我们可以说这些话呢？如果我国的科创板能够真的发展到像美国的纳斯达克那样，也就是说，有越来越多的创新的企业、创新的技术能够通过这个市场发扬光大，能够不断地推陈出新，创新能力的建设在市场上能够不断得到体现，如果市场能做到这一步，就可以说确实科创板能够为我国的经济转型和创新提供强有力的支持。现在才刚刚起步，只有 40 多家企业上市。

制度变化列出了一些，但是从定位可以看出，它的定位与我们传统的板块是完全不一样的，在我们建立传统证券市场的时候，仅仅是出于融资的考虑。

而这些新的东西，如它的运行规律，包括技术的发展规律、技术产业化的规律，在技术发展过程中如何进一步完善；从管理的角度来讲，对新的行业、新的技术、新的产业如何进行更好的管理；这个业态究竟是什么样的，现在都没有完全定论。作为为它提供服务的市场，如何更好地服务这些新的产业、新的技术创新、新的业态，那就要有很强的创新能力。

创新带来的是上市制度的变化，这种变化是否已足够？是否真正能够让新的优秀的企业上市，投资者是否接受，等等，这些都是十分重要的考验。

核心问题就是信息披露，如何能够更好地解决这一问题。同股不同权的企业架构、新的创新的东西、制度突破的东西这里都有，还有对现有法律法规的修改。如果市场发展面临各方面的挑战，最重要的挑战就是如何真正承担起创新的建设的职责。

### （二）资本市场的开放

中国的开放道路已经走了很多年，我们一直在讲改革和开放，如果说科创板是改革在资本市场中很重要的措施，那么资本市场开放也是另一个很重要的构成部分。近几年人民币地位有所提高，2015 年人民币正式被接纳作为 IMF 的 SDR 的组成部分。最后一步是金融投资开始用人民币，这意味着境外投资者可以投资境内市场，最早开始的是 RQFII，这个增长是很快的。除了 RQFII，还有其他双向的发展，这里我也列了一些曾经不断推出的开放措施，从 QFII 到 RQFII，再到沪港通、深港通等一系列。沪港通 2014 年开始开放，随后是深港通、债券通、沪伦通、CDR，开放过程中引入了很多新的制度和安排，这些在以前都只是听说过，但是从 2014 年开始到现在，短短几年间开放得非常多。

同时，从 2019 年 9 月 16 日起 QFII、RQFII 没有额度限制，这意味着境外投资者可以投资任意额度的国内 A 股市场。开放带来的是这个市场会有越来越多的国际投资者参与进来。

人民币在 SDR 的地位，从权重和影响因素来看存在很大的差距。按照 2015 年 IMF 确定的定值方法，人民币所占的比重排名第三，为 10.92%。

高于日元和英镑。在这 10.92% 里贸易所起的作用占到 10.1%，美元、欧元、英镑、日元贸易所占的比例并不是很高，尤其是美元，2015 年美元在 SDR 的 41.7% 的占比中贸易只占 13%。再有是金融的作用，美元为什么能够成为最重要的国际货币？并不是贸易而是金融的作用，金融的贡献率达到 28.7%，远超贸易的 13%。人民币对国际货币的贡献率只有 0.8%，这是一个很重要的挑战。因为开放意味着在国际舞台上与所有其他国际金融中心进行竞争，这个竞争比之前面临的更大挑战就是如何发挥科创板的作用，更难以把握，更难以取胜。

科创板在很大程度上可以调整自己的节奏，完善我们的制度，我们还有很大的主动权。开放不是完全依赖自己，在很大程度上与国际环境是有密切联系的，至少美国不会允许人民币取代美元，也不会允许中国上海再出现一个华尔街。美国绝对会打压，这个打压比现在在贸易领域、技术领域的打压恐怕更加厉害。从这个意义上讲，为什么金融领域人才很重要，投行开通了新的通道，这个领域的人才不是在国内竞争，而是将来要在国际上竞争，人才的素质、他对国家的忠诚、他怎样建立起自己的信誉，是从我们这个领域开始的，所以任重道远。如果这一块起不来，那么在金融领域支撑将来真正能够成为全球或者国际金融中心，或者开放过程中能够一直往前走，即使不是半途而废，真正能够建立服务于经济发展、在全球形成很好竞争力的金融行业也就很难了。所以更大的挑战是开放，市场的开放能否真正沿着设想的目标让它发挥作用往前走，这是难度比较大的，或者是很难的一件事。因为从目前的制度来讲，比较来比较去大家都觉得美国资本市场制度最发达，我们怎么建立自己的制度优势呢？我们讲制度自信，从人才来讲，美国高校培养的金融领域人才是最高端的，那我们怎么办呢？从机构角度来讲，可以大量投资或者把资金集中在一个机构把规模做大，但是投行并不是拼资金、拼资产规模的行业，它有很多特殊的要求，全球各地的优秀人才为你所用，在你公司里发挥作用，怎么样管理好这些人才，怎么样提供更好的激励机制，等等，这些是我们现在要考虑的。所以从这个意义上讲，开放应该说是简单的，但是真正开放要实现你所设想的效果、目标，有非常大的挑战。

## 五、资本市场发展的未来展望

### （一）新时代赋予了资本市场新的定位和使命

党的十九大报告中明确指出，要深化金融体制改革，增强金融服务实体经济能力，提高直接融资比重，促进多层次资本市场健康发展，健全金融监管体系，守住不发生系统性金融风险的底线。

2018 年中央经济工作会议指出：资本市场在金融运行中具有牵一发而动全身的作用，要通过深化改革，打造一个规范、透明、开放、有活力、有韧性的资本市场。

党的十九大报告、中央经济工作会议上提出的目前最核心的一个提法就是关于资本市场的，即提高直接融资比重，促进多层次资本市场健康发展，我们的架构已经起来了。新的定位也是非常清楚的，是牵一发而动全身的定位，即枢纽，无论国内、国际、行业、产业，均处于枢纽地位。

资本市场建设的五大战略任务：一是扎实稳妥地推进科创板建设并试点注册制；二是加快推进资本市场改革开放；三是牢牢坚持服务实体经济高质量发展的根本目标；四是坚决守住不发生系统性金融风险的底线；五是持续强化监管执法和投资者合法权益保护。

### （二）建设资本市场是深化金融供给侧结构性改革的重要目标任务

建设多层次资本市场是深化金融供给侧结构性改革的重要任务。金融作为国家重要的核心竞争力，金融安全就成为国家安全的重要组成部分，金融制度则是经济社会发展中重要的基础性制度。

金融要为实体经济服务，满足经济社会发展和人民群众需要。资本市场需要支持实体经济发展，需要满足人们对资产管理的投资需求。金融活，经济活；金融稳，经济稳。经济兴，金融兴；经济强，金融强。经济是肌体，金融是血脉，两者共生共荣。

要深化对金融本质和规律的认识，立足中国实际，走出中国特色金融发展之路。我国金融业的市场结构、经营理念、创新能力、服务水平还不适应经济高质量发展的要求，诸多矛盾问题仍较突出。

要抓住完善金融服务、防范金融风险这一重点，推动金融业高质量发展。实体经济健康发展是防范化解风险的基础。要注重在稳增长的基础上防风险，强化财政政策、货币政策的逆周期调节作用，确保经济运行在合理区间，坚持在推动高质量发展中防范化解风险。而防范化解金融风险，特别是防止发生系统性金融风险，是金融工作的根本性任务。

总之，整个市场发展和金融业发展有三大要求，即提高服务效率、提升风险管理能力、提高金融服务普惠性，这是对资本市场和金融发展的要求。

（本文由赵锡军教授于 2019 年 9 月 27 日在人大重阳“新中国 70 周年”主题系列讲座中的演讲整理而成。）

# 中国对外关系 70 年

金灿荣*

当前，世界处于大变局之中，民粹主义、贸易保护主义盛行，“黑天鹅”事件层出不穷，中国对外关系面临严峻考验。当前影响中国外交的意识形态由三部分构成：一是新中国成立初期苏联的共产主义意识形态；二是改革开放以来进入中国的西方自由主义意识形态；三是最近兴起的融合中国古典文化的本土主义意识形态。

**图 1　金灿荣教授在人大重阳“新中国 70 周年”主题系列讲座中作演讲**

---

* 金灿荣，中国人民大学国际关系学院副院长。

## 一、70 年来中国的外交总体成功

中国外交在世界大国中总体而言是比较成功的，主要原因在于，中国外交并未出现重大失误。人的理性是有限度的，因而难免犯错。国家是人的集合，无法避免出现失误。因此，国家间的竞争不在于不犯错，而在于少犯错。任何国家在任何时候都可能犯错，关键在于能否克服并继续前行。中国外交 70 年来并未出现类似于美国、苏联所犯的重大错误。冷战期间美国发动的越南战争便是一例。在这一问题上，美国夸大了共产主义的威胁而低估了亚洲民族主义的力量，片面信奉多米诺骨牌理论，即便消耗了巨大的战略资源，最终也一无所获。苏联入侵阿富汗则是另一例，为谋求战略突围、应对中美缓和，苏联悍然入侵阿富汗，最终还是深陷其中，一无所获。类似的还有冷战以后美国发动的伊拉克战争，既未收获战略价值，又消耗了巨大资源。

总之，中国没有犯过特别大的错误。美国攻打越南肯定不对，后面的逻辑是错的，世界上根本就不存在多米诺骨牌理论，各国都是很独立的，不存在逻辑链条的问题。美国原本想把共产主义遏制在越南，这是错误的。另外，苏联在冷战时期攻打阿富汗也是巨大的战略失误，我认为中国应该吸取教训。我是学者中比较持乐观态度的，学者不应该总讲一些忧国忧民的话，就觉得自己有学问，学问应该是实事求是、有一说一，有问题说问题、有优点说优点，这才是做学问的本分。

冷战以后美国攻打伊拉克就是这种类型的错误，没有战略价值，却消耗了很多资源。总之，这种类型的错误中国没有犯过，不是说中国完全没有资格，因为犯错误是得有资格的。中国在战略上特别谨慎，与其他国家不太一样，古代就是如此，中国很少打到远离长城的地方，长城是我们的一条线，因为这是中华文明的核心地带。总体来说，中国是战略谨慎的国家，我们没有特别大的错误，以成绩为主，70 年来没有给我们的国家建设拖后腿。

图 2　金灿荣教授讲座现场

## 二、中国外交深受内政影响

70 年来的中国外交深受内政的影响。从理论上讲，一般对于大国而言，内政决定外交。而中国作为一个规模大、人口多、文化底蕴深厚的超大型国家，内政对外交的决定性作用显得更加突出。从现实来看，在中国的外交历程中，国家利益和意识形态二者相互交织、相互交替，共同作用于外交政策。一般认为，作为一个革命政权的新中国，在立国之初，其意识形态对外交的影响更为明显。因为中国在革命时期需要意识形态来动员人民群众，这种意识形态一旦形成便具有一定的惯性，一直延续到新中国成立初期。因此，总体而言，在新中国成立后的前 30 年，意识形态在外交政策中所起的作用占比更高。后 40 年，意识形态的作用逐渐淡化，国家利益对外交的影响更为明显。但改革开放以来，中国对西方进行了全方位的学习，西方自由主义意识形态也随之渗透到中国人民生活的方方面面，因此，意识形态的影响仍然存在。总之，中国外交前 30 年，意识形态的作用重于国家利益，而后 40 年，国家利益的作用重于意识形态，但西方自由主义意识形态却在潜移默化地影响着中国外交。

当前，影响中国外交的意识形态由三部分构成：一是新中国成立初期苏联的共产主义意识形态；二是改革开放以来进入中国的西方自由主义意识形态；三是最近兴起的融合了中国古典文化的本土主义意识形态。中国的国际关系学界长期以来都是在介绍西方的国家关系理论，但近年来对于建构国际关系理论中国学派的成果日益增多。其中，对外部世界影响较大的一种理论是由中国社科院哲学所赵汀阳提出的“天下体系”，其蕴含的软力量可能比美国的普世价值影响还要大，因而大受西方重视。相较于中国的“天下体系”，日本和美国的意识形态显得较为狭窄。日本的神道教文化将自身视为神的后代，这使得其内部十分团结，而对外则非常排斥。美国的基督教文化则认为上帝面前人人平等，但对不信奉上帝的异教徒则十分排斥，甚至是敌视。而中国的“天下体系”则讲求“四海之内皆兄弟”，提倡包容天下。相较于前二者，显然更具有包容性，因而受到西方的重视。

我国的外交也有意识形态，细分起来大概有三类：苏联的马克思主义、西方的自由主义和本土主义，而且随着中国的强大，本土主义会越来越起作用。事实上，现在我们讲的和谐世界、科学发展观、人类命运共同体都是很有中国特点的，这个与西方很不一样，中国文化与西方文化在最基本的哲学意义上的原概念上不一样，西方人是异元化文明，是一个黑白分明的思维。

这里给大家分享一种文明观，其实我们人类古代成熟的文明集中在欧亚大陆，非洲和拉美都有文明，但没有我们成熟，我们的文明大概有三个圈：第一个是环地中海文明圈，其宗教的特点全部是一神教，信奉一个祖先就是亚伯拉罕，宗教上称为亚伯拉罕宗教。第二个是东亚文明圈，就是中华文明圈。第三个是南亚文明圈，就是印度文明圈。这三个文明圈各有自己的特点，西方人是向未来看，我们是看现在，印度是看过去。因为西方就只有一个神，永远按照那个神的方向往前冲，这是看未来。中国人就是看眼前的，非常现实。印度人生活在3.6亿个神的世界里，不只一个神，所以印度人不是说一辈子60年，是3.6亿个60年，所以印度人的思维跟我们不太一样，他是向后看的。三个文明圈有三个取向。

我们现在不比印度，比中国和西方，西方是一神教，特别强调二元对立的，这是一个黑白文明的思维。就是黑夜、白天是二元对立的，而且他们相信自己可以战胜黑暗，上帝最后会赢，有一个大审判的观念。中国不一样，我们称作阴阳文化，认为阴阳不能战胜谁，只能凑合着过，再不好也凑合着过。我们是二元统一的，只有在二元统一的情况下才会出现和合文化。

在未来，中国外交拥有光明的前途，作出这一判断基于两大原因：一是中国外交的纠错能力很强，中国能够随着自身所处阶段的不同来适时调整对外政策。由于国家犯错不可避免，是否具有纠错能力便在国家间的竞争中尤为重要。二是中国外交有着强大的工业化能力作为支撑。工业化能力是近代国家的立身之本，当前中国已成为世界上工业门类和制造能力最强的国家，这为中国外交提供了强大的物质支撑。

## 三、中国外交出现的问题和取得的成就

### （一）中国外交出现的问题

中国外交存在两个方面的问题。第一，中国外交对意识形态的把握有时还不够准确。新中国成立早期，中国外交中的意识形态色彩较浓，在一定程度上损害了国家利益。这类案例很多，最典型的便是“文化大革命”期间火烧英国代办处事件。而改革开放以来，我们快速发展经济而过度放松了对西方意识形态渗透的警惕，一门心思赚钱，结果受人家的误导，就

是过犹不及，治大国如烹小鲜，火候很重要，火候大炒煳了，火候小炒不熟。第二，中国外交机制相对有些僵化。中国外交队伍的总体素质很高，但由于队伍庞大，也不免产生一些官僚主义。突出表现在处理突发危机时，中国外交反应较慢、应对较为笨拙，并且外交系统较为封闭，相关政策还不够透明，因而外界也难以对其进行评价。

### （二）中国外交取得的成就

但总体而言，中国外交的成就大于问题。中国外交的成就突出表现在以下几个方面。

第一，很好地维护了国家主权。新中国成立之初面临巨大的生存风险，内有国民党反动派虎视眈眈，外有西方国家的敌视与封锁，但到“毛主席时代”结束之际，中国已傲然挺立于世界的东方，不用担心外部的入侵和打击。虽然台湾问题尚未解决，但在新时代，台湾问题的解决已经出现转机。

第二，帮助国家经济发展，尤其是帮助国家实现了伟大的工业化。我是个“工业党”。工业党其实就是生产力至上党，我年纪越大可能越倾向于保守，但学来学去，西方很多理论我也看过，现在发现还是马克思主义靠谱，马克思主义的基本原理是历史唯物主义，历史唯物主义的核心原则是生产力决定生产关系、经济基础决定上层建筑。生产力决定生产关系在现代社会怎样变化？就是工业能力决定国家命运，近代历史表面来看是人类从前现代到现代，这个过程叫作现代化，其实质是人类从农业文明走到工业文明，今天的农业也是高度现代化的农业，其产量与传统农业不太一样了，传统农业是靠天吃饭。现代农业是什么？是化石农业，农业有人工造的水渠，水渠是怎么造起来的？是工业的结果，改良土壤、改良种子、科学施肥等，全部都是工业化的结果。中国人民几千年吃不饱饭，中国有记载的历史就是一部饥饿史，所以我国古代的问候语就是“你吃饭了吗？”美国人没有这种记忆，问候语都是“How are you?”我们其实真正是靠化工工业解决了吃饭问题。这是基本观点，生产力决定生产关系在近代就表现为工业能力决定国家命运，因为近代历史是工业化的历史，是从农业文明到工业文明的历史，工业化的英文是“industrialization”。工业化具体体现在哪儿？就是大机器生产，就是现代制造业，以大机器生产为基础的现代制造业，这是国家的命门、国家的支柱。

中国这70年应该说在这个方面做得是非常好的，如果一定要说新中国70年最伟大的成就是什么？首选是工业化，因为世界上很多国家独立了，战后独立了100多个国家，但如果没有工业化，其实与殖民地的状态是一样的，真正摆脱殖民地是靠工业化的，光有政治独立没有工业独立是不行的，所以工业化是新中国最伟大的成就。所以现在有一个史学观，认为中国历史必须以1949年划界，1949年以前是农业文明，1949年以后才是工业文明。

那么，外交在促进国家经济发展，特别是在工业化方面是功不可没的。我们过去与苏联合作，把苏联的工业能力学到一部分。苏联对我们援建了156个大项目，这156个大项目是人类工业化历史上最大的知识产权的转移，任何一个项目涉及的专利都是动辄上万、十万、几十万项，如武钢、武重、武船（造潜艇特钢的），很多都是那156多个项目中的。单武钢一个项目中涉及的专利都是几十万项，这是非常了不起的成绩。这些专利第一是不卖给你，第二是卖给你都没有钱买，我们却得到了，这就是与外交努力有关。

这是一个情况，新中国刚成立时从苏联方面得到了一定的帮助，奠定了工业化的基础。然后我们开始自己摸索，摸索就走得比较慢，1949—1959年，中国通过苏联学到了很多现代知识。1959—1979年就是自我摸索的阶段了，这个阶段就比较艰难，因为没有外来的帮助，我们得自学，自学就慢。1979年以后我们拥抱了世界，改革开放后，我们又学西方，总体来讲是学得很好的。我国的GDP在全球的排名，有人说从第9名上升到第

2名，我看最差的一个数字是从第17名上升到第2名，但无论从哪一个数字来看，我国的GDP增长都很快。

外贸其实最能反映一个国家的制造业能力，中国外贸在党的十一届三中全会即1978年的时候排30多名，全年贸易总额折合人民币287亿元，现在我们是遥遥领先、世界第一，2018年商品贸易、服务贸易全部加起来超过了36万亿元人民币，287亿元到36万亿元的增长是900倍左右！中国产品在世界上很畅销，世界已经离不开中国产品。中美贸易摩擦十分严峻的时候，外媒曾报道美国人要想完全摆脱对“中国制造”的依赖已经不可能了，可见中国产品价廉物美，已经渗透到西方人的生活中了。

中国整体来讲，经济发展是非常成功的，我们先学俄罗斯，“硬的骨骼”很好，我们拿过来156个项目；我们再学西方柔的金融体系，两边都拿过来，之后我们就开始创建自己的品牌，这是一个大的观点。中国外交取得的第二大成绩就是帮助国家经济发展，尤其是帮助国家工业化取得了巨大的成就。工业能力是近代国家的命脉，谁有现代制造业的能力，谁才能立于现代民族之林，没有现代制造业，人再多、钱再多都是被人家打的，而且打不赢人家。中国就吃过这个亏，1937年日本全面侵华，当时中国人口有5亿多人，日本是6000多万人，我们人口是他们的8倍多，而且国共两党的抵抗，是非常英勇的，惊天地泣鬼神，我们那么英勇的抵抗，结果还是一半的国土沦丧了，是真的打不赢，因为我们没有工业能力。名义上当时是日本打中国，实质是工业打农业。

总之，外交肯定是起正面作用的。

第三，中国的很多具体利益得到了较好的维护。中国外交系统的公务人员以较少的数量维护了很多具体的民生利益，这方面的例子有很多。

第四，积极推进全球化，参与解决全球问题。随着国家实力的增强和国家地位的提高，中国在全球问题上发挥的作用越来越大。中国外交在促使中国参与全球治理方面发挥了重要的积极作用。

第五，维护了地区稳定。相较于美国而言，中国周边外交环境十分复杂，邻国数量多、类型差异大，并有着形形色色、相互交织的复杂矛盾。但是，中国外交以极大的忍耐和克制积极谋求地区稳定和平，为中国的经济建设提供了良好的外部环境。

第六，积极推进中国特色社会主义建设。经过多年探索，中国逐渐走出一条具有自身特色的社会主义道路，这是一条现代化新路。习近平总书记在党的十九大报告中提到，中国特色社会主义道路为发展中国家走向现代化提供了新的道路选择，这也是中国十分重要的成就。在探索出一条现代化之路的过程中，外交起到了巨大的作用。

## 四、中国外交的发展阶段

习近平总书记在党的十九大报告中将新中国的发展梳理为三个阶段，即“站起来”“富起来”“强起来”。广而言之，第一个阶段是“毛泽东时代”，中国完成了“站起来”的任务。第二个阶段是“邓小平时代”，中国面临“富起来”的历史任务，这一阶段尚未彻底完成，但目前进展良好，中国的经济总量坐二望一，直追美国。按照购买力平价计算，中国的 GDP 在 2014 年已经超过了美国，2018 年则是美国的 120%；按照汇率计算，2018 年中国的 GDP 为 13.7 万亿美元，而美国为 20 万亿美元，中国是美国的 63%，仅有 1/3 的差距。另外，2019 年中国的人均 GDP 已经达到 1 万美元，这对于拥有 14 亿人口的发展中大国而言是非常了不起的成就。第三个阶段是习近平新时代，该阶段中国面临“强起来”的历史重任。这一历史任务从某种意义上可能不太容易完成，因为衡量是否“强起来”并没有一个绝对量化的指标。

其实，一个新生国家基本上都要经过这三个阶段，第一个阶段要寻求安全，第二个阶段要寻求发展，第三个阶段要寻求尊严。总体而言，中国外交的发展阶段同国家的发展阶段是完全对应的，中国外交所追求的目标也同该阶段的国家目标相一致，并且总体上都完成了相应阶段的历史任务。当前中国已经告别了“挨打”“挨饿”的历史阶段，进入了减少“挨骂”的阶段。在当今日益多元的国际社会中，追求不“挨骂”是不现实的，中国只能追求尽量少“挨骂”，这也是中国走向国际舞台中心必然要承受的代价。

## 五、展望未来：中国外交面临百年未有之大变局

展望未来，世界已进入一个新的历史阶段，中国外交所处的外部环境已发生变化，世界面临百年未有之大变局。最为突出的表现便是国际社会乱象丛生。美国反建制派总统特朗普上台以及英国脱欧等反常的政治现象频繁出现；贸易保护主义和排外主义不断抬头，反全球化和民粹主义现象也层出不穷，反而作为社会主义国家的中国却依然高举自由贸易的大旗，坚持开放和多边主义；同属美国同盟阵营的日本和韩国也陷入贸易争端，美国对此却无动于衷；伊核和朝核问题迟迟得不到有效解决，美国在传统热点问题上显得力不从心。对于中国而言，这一百年未有之大变局既是机遇也是挑战。习近平总书记认为，中国在百年未有之大变局中的机遇仍然大于挑战。其中，第四次工业革命的到来，对中国而言是一个最为难得的历史机遇。

未来，中国的内政外交应努力在第四次工业革命中拔得头筹。生产力决定生产关系，工业能力决定国家命运，而近代国家能力的形成与工业革命密切相关。近代从农业走向工业的跳板是三次工业革命，分别是蒸汽机革命、内燃机革命和计算机革命。而在这三次工业革命中，英国和美国先后占据主导地位。这也使得英美两国先后垄断了人类300多年的世界主导权。中国与前两次工业革命失之交臂，新中国成立之后，中国通过苏联援建的156个大项目将第一次、第二次工业革命的“短板”补齐。改革开放以来，中国在追赶第三次工业革命，在计算机主导的信息化时代，取得了

巨大成就，这也是中国得以迅速崛起的重要原因。

在网络时代，中国取得了两项领先世界的巨大成就。一是网络的硬件设备生产。全世界的网络基站有近60%由中国制造搭建，而作为移动通信终端的手机，过去约90%由中国生产，现在也有80%，而70%的电脑是由中国生产。二是应用软件和网络的经济应用。中国已在电商和电子支付领域领先世界。在网络时代，中国的网络硬件设备制造和网络经济应用均已成为世界第一，并开始创造中国人的商业模式。如此一来，中国将在第四次工业革命中占据有利地位。近年来，人类开始逐渐进入5G时代，2019年工信部已给中国联通、中国移动、中国电信和中国广电4家运营商发了5G牌照，中国在5G领域已经领先世界，这也引起了美国的警惕和敌视，为了防止中国在未来国际竞争中抢占先机，美国开始不断对华为等中国高科技企业进行打压。

目前，人类开始进入网络时代之后的下一个阶段，即5G基础上的物联网时代。互联网是指计算机和手机联网，物联网则是以计算机和手机为指挥中心，将家中所有的电器都连接起来。从目前的发展情况来看，中国很可能在这一阶段处于领先地位。但这并非第四次工业革命，真正决定人类命运的是第四次工业革命大概会在五个方向上产生：一是新材料石墨烯；二是基因工程；三是人工智能；四是量子技术；五是核聚变。5G基础上的物联网仍然是计算机网络革命的深化，即第三次工业革命的一个阶段。当然，国际上有人认为，“5G＋物联网”就是第四次工业革命，这一观点的持有者是达沃斯世界经济论坛的建立者施瓦布教授，当然这属于少数派。

最后，对决定中国命运和人类方向的第四次工业革命进行简单预测。根据刚才的介绍，第四次工业革命可能会在五个方向上发生，即石墨烯、基因工程、人工智能、量子科学、核聚变。目前的情况是，美国在这五个方向的技术相对来说都是最好的，中国紧随其后，但强于欧洲和日本，以色列、韩国、印度和俄罗斯等国在个别技术上可能稍有优势，但总体而言，发展水平一般。除上述国家之外的其他国家只能在第四次工业革命中充当旁观者的角色。

但问题在于，未来五大决定人类命运的竞争是投入巨大但可能没有回报，如果从综合国力来讲，只有中美两国能做到。因此，第四次工业革命可能会演变成中美之间的竞争。在中美两国的竞争中，中国的胜算大于美国。下一次工业革命将会决定人类命运的未来走向，以及国家的地位。美国的优势在于创新能力极强，但美国有一个根本缺陷就是产业能力很弱，从经济学的角度来讲，再好的技术如果不能变成市场上畅销的产品，永远是理论上赚钱的东西，不能产品化的技术就是“一张废纸”。目前，有40% 的产业已经永远离开了美国，这就是为什么克林顿、小布什、奥巴马、特朗普都想将产业重新弄回美国，然而，到目前为止还不成功。2019年以来，美国对华的贸易摩擦就是希望将产业链移出中国，即使产业链回不到美国也要将其打碎，这就是公知讲的东方式嫉妒的思维。美国的企业很讲政治，与中国的供货商商量，希望中国将其产业转移到越南，并且优先从越南、缅甸、印度进口货物。美国确实存在问题，产业能力不强，创新能力很好，导致技术无法转化成生产力。

中国的优势是中国具备先进的工业产业能力，工业门类非常齐全。新中国成立之初，毛主席作为战略家，坚持制订五年计划，建设完备工业化基础。新中国成立之初建立的完整的工业化基础，为改革开放后中国经济实现快速发展奠定了基础。虽然中国的产业水平还存在很大的进步空间，但是中国完备的工业化基础能够满足社会发展的基本需要，并且还处于不断发展的过程中。中国的另一个优势在于，中国拥有较强的学习能力和技术转化能力，中国的企业可以低成本地生产出高技术产品。因此，在第四次工业革命的竞争中，中美两国将会成为重要的竞争主体，中美两国各有优势，但是中国具备完整的工业基础和宽松的创新环境，中国的比较优势要大于美国。

总之，在第四次工业革命中，中国将具备更大的竞争优势，中国要抓住第四次工业革命的历史机遇，通过30年的努力让第四次工业革命发生在中国，这是我们这一代人的使命。如果2030—2050年我们率先突破，在第四次工业革命中处于领先地位，中国将会拥有世界上最好的生产力布局，拥有最先进的技术和产业。技术先进则国家先进，产业先进则国家富裕，中国离现代化的目标就会越来越近。实现这些美好的愿望需要至少一代人好好干，率先在人类的下一次工业革命中成为突破者和领先者。只要做到这些，我们的下一代理所当然能享受这些美好的东西。外交只是一个方面，我们可以配合着努力，这就是我们未来的任务。

（本文由金灿荣教授于2019年10月8日在人大重阳“新中国70周年”主题系列讲座中的演讲整理而成。）

# 中国与世界经济的 70 年

翟东升*

2019 年 10 月 15 日，国际货币基金组织（IMF）发布了最新一期《世界经济展望报告》，报告中指出，全球经济前景高度不确定，全球经济下行风险增加。但中国仍然是全球经济增长的主要推动力，2019 年中国的贡献率达到 40%。如何从全球化角度看中国对外关系？

## 一、三个“30 年”的对比及其内在关系

为什么要提出三个“30 年”？具体来讲，第一个“30 年”是 1949—1979 年，其特点是社会革命和继续革命；第二个“30 年”是 1979—2008 年，金融危机爆发，从中国内部来看，应该到 2012 年，这是中国融入全球市场体系的 30 年；第三个“30 年”，则是从后金融危机时代或者从党的十八大开始至今，总体来看，这个新的时代会持续至少一代人的时间。

中国与世界的经济关系有两大动力源：一是中国内部政治经济制度安排的延续；二是受到外部战略格局，甚至全球政治经济格局的约束。下面以两大动力源为基础，分析三个“30 年”的特点。

---

* 翟东升，中国人民大学国际关系学院副院长。

**图1　翟东升教授在人大重阳“新中国70周年”主题系列讲座中作演讲**

## （一）全球格局与中国对外经济关系

### 1. 时代主题

中国与世界经济在不同的时期都烙下了时代的印记：“冷战”是第一个“30年”（1949—1978年）的时代主题，其间许多发展中国家纷纷独立；“全球化”是第二个“30年”（1978—2008年）的时代主题，由美国主导的新自由主义对世界产生了显著的影响；“逆全球化”是后危机时代的主题，是美国对其推行的全球化的重新调整。

### 2. 主流意识形态与经济政策

在历史发展过程中，对于意识形态与经济政策的研究必不可少：在第一个“30年”中，左翼革命主义、凯恩斯主义和结构主义是这个时期主流的意识形态，在发达国家，凯恩斯主义强调政府要干预市场，强调政府财政的作用，而在发展中国家，则强调结构主义，处理中心与外围的关系；在第二个“30年”中，整个社会思潮向右翼滑动，强调开放、自由竞争、减少管制和低税收；从第三个“30年”开始，民粹主义复苏，全球许多国家的民粹主义党派执掌政府，此时强调自上而下的顶层设计，政府主动干预经济的调控和再分配。新中国成立以来实施的五年计划是这个时期成功的典范，经过统计和案例分析，近年来中国实施的历次五年计划约90%的目标都已经实现。因此，有些发展中国家甚至派专家来中国学习如何制定和实施五年计划。

### 3. 全球经济运行的特点

总结三个“30年”经济运行的规律可以发现，每个时期都有其特点：在最初的30年里，经济运行的特点是财富分配较平均、经济增速较快、债务率下降，但是通货膨胀率在此时走高。世界各国总债务率尤其是政府债务率在不断下降，他们不愿意欠别人钱，背后的原因是金本位，那个时代通货膨胀率是持续走高的，它背后有深刻的政治、经济和人口结构的因素。

到了1979年，也就是第二个“30年”之后，新自由主义推动全球化发展，此时婴儿潮一代人成为社会中坚，且世界经济创造出了大量的财富，也使得贫富分化问题凸显。1971年之后，制约债务率的金本位制被废除，各国政府尤其是西方国家政府的债务率持续走高，同时，债务的不断货币化也助推了债务持续高起。

后危机时代之后，整个世界处在通货紧缩的状态，经济增长如“方便面”一般无力。负利率也成为这个时代最显著的特点之一，这意味着存进银行或者放贷出去的钱，不仅得不到利息，还需要缴纳一定的“保管费”。

### 4. 主导性的武器技术和战略安全逻辑

将各个时代的主导性武器技术和战略安全逻辑进行对比。1949—1978年，全球的战略安全逻辑是谁拥有核导弹谁就是大国。当时是两个超级大国之间核武器恐怖平衡构成时代的基本特征。第二个大时代（1979—2009年）的特点是智能武器的精准打击，美国武器实现智能化、信息化，开始甩开苏联和其他大国，一家独霸。第三个大时代，即后金融危机时代，美国有精准打击，其他国家也开始有精准打击，尤其是中国等新兴大国。各国在人工智能、太空军事化、基因武器方面也开始强大，一个多极化的时代终将到来。

### （二）中国自身的制度与政策

这一部分内容从中国自身的角度进行分析。

#### 1. 合作与学习的对象

第一个“30 年”我们主要学习的对象是苏联。在此期间，大批苏联专家受邀来中国支持经济建设，其中有 156 项军工和重工业项目。第二个“30 年”是中国开始改革开放的 30 年，在这一时期，我们主要学习的对象是美国。经过改革开放的实施，中国经济得到前所未有的发展，实现了世界经济发展的奇迹。第三个“30 年”之后，我们学习谁？从目前来看，学习欧洲是比较合适的。欧洲的做法是欧洲社会主义运动，第二国际是后来衍生出来的，比较强调居民的福利、劳工的福利、劳动者权益、绿色环保、多边主义等。欧洲的“道”有其合理性，当然，对于欧洲体制的错误我们要进行批判和鉴别，我们要永远保持谦虚谨慎、不骄不躁的心态。

#### 2. 经济模式与资本形式

1949—1978 年，即第一个“30 年”，我们从苏联学到了计划经济、国有资本和集体资本，并将之与中国的现实情况相结合，走出了一条符合中国国情的经济模式，形成了具有中国特色的资本形式。

第二个“30 年”，即改革开放时代，中国打开国门学习美国、日本、欧洲、新加坡等发达国家的经济模式，我们将其成功的经验“引进来”，结合现实国情，设立经济特区、招商引资、开放市场、加入 WTO、吸引外商直接投资 FDI 等，取得了巨大成功。

进入新时代以来，混合资本是中国经济中的主流。此时，国有资本继续做大、做强、做优，民营资本更具有活力，引入的外资也继续完善了中国的资本结构。此时世界处于逆全球化时代，而我们仍然要继续开放市场、招商引资。当然，在这一时期，我国对待外资需要根据实际需求择优而选。

3. 对待世界市场体系的态度

前30年我们是革命的态度，要打破这个不公平、不正义的世界资本主义体系。从1979年开始，我们选择的是融入。所以，1979年之后，中国这个“革命者”开始更换策略，在世界资本主义的体系里不断吸取能量，不断成长，我国的GDP目前还是美国的67%左右。其实，GDP的计算和比较存在很大的问题，在全球计算GDP时，把不可贸易品都算在里面了，但真正具有可比性的是可贸易品。应该只比较中国的可贸易部门和美国的可贸易部门每年的财富增加值。如果比较可贸易部门，我国早已超过了美国。2009年之后的新时代，我们对全球市场体系是重塑和引领。

4. 执政合法性的表述

第一个“30年”我们执政合法性的核心逻辑是“只有中国才能救中国”，关键在于“救”。在大国争霸的时代，强敌环伺的冷战背景下，这个“救”字的确具有很强的说服力。

到1970年后，中国已经是核武器大国、五大常任理事国之一，经济发展成为核心命题。所以“只有中国共产党才能发展中国”成为当时的政治表述。

到了2012年以后，中国人民已经不再贫穷，此时对于美好生活的追求等诉求呈现出多元化的态势，不同地区的诉求也不一样。这时我们需要与时俱进地提出新的论述，只有中国共产党才能实现中国人的中国梦。“中国梦”的概念包罗万象，也正符合当今社会的多元化状态。

这时候要讲新的故事，当时中国人还比较穷，所以，“只有中国共产党才能发展中国”。核心是以经济建设为中心，实际执行政策时就是以GDP为核心，谁能把GDP快速提上去，谁的成绩就比较突出。

到了2012年前后，这时候中国人并不穷了，但中国人的诉求已经非常

图 2　翟东升教授讲座现场

多元化了，不同阶层、不同地区的诉求也不一样，城市里已经富起来的人的诉求是“绿水青山”，抱怨雾霾太严重；另一部分人抱怨社会不公；还有一部分人抱怨贪腐严重，所有工业化国家在工业化过程中都是高度腐败的，腐败和工业化是高度紧密相关的。

5. 倚重的阶层

第一个“30 年”倚重的主要是工农；第二个“30 年”主要依赖国际化精英；而第三个“30 年”主要依赖中产阶级。目前，中国需要做大做强中产阶级的实力。至于如何定义中产阶级，有一项报告指出，如果家中有汽车，在同一个城市里就是中产阶级。

回过头来看，我在 2004 年博士毕业以后给自己列了一个个人的五年计划，这个五年计划就是国际化。因为在此之前我也出过国，只不过是作为交换的博士生去过法国和英国，后来我意识到，这个时代是全球化的时代，痛切地认识到必须国际化。所以我花了 5 年时间培养自身的国际化。待我完成自身国际化之后发现，国际化结束了，全球化时代结束了，从 2009 年，也就是金融危机那一年开始，全球化已经结束了。2010 年、2011

年我到处开会讲话，大声疾呼，我们要为逆全球化时代作好准备。2011年，在一次同行的小规模会议上，我的发言排在中间，我发言的主题是“逆全球化时代已经到来，大家作好准备，凛冬将至”。结果后半场发布会每个人都批判我。到了2013—2014年，美国推出TPP，我发现同行们大约有一半站到我这边来了。2014年我参加凤凰卫视的节目，最后发现我一个人舌战群儒，PK全场，全场十位专家，只有我一个人在我看来不是干这个研究的，是媒体人士。只有我一个人的主张是，中国2014年年初必须抓住时机，主动走“去美国化”道路，别等到被别人远远甩在后面，那就为时已晚，要自立自强。

后来我意识到和我辩论的许多人就是国际化精英，其中一部分人虽然说的是中文，但他们已经不是中国人了，已经加入了美国国籍。后来我又了解到，继续鼓吹新自由主义全球化的那些华人许多已经被套牢在国际化中间了，因为他们的孩子、孙子已经不讲中文了，中美之间的分裂其实对普通老百姓没那么大伤害，因为劳动者还是继续生产、继续经营，生活还是继续不容易，这才是常态。真正严重受损的是那一批已经让自己的孩子或孙子从小学英语、不说中文的那些家庭。

下面我们要做的是做大做强中国的中产阶级，中国已经有4亿中产阶级了，金灿荣教授和我辩论，他认为已经有5亿了。对新中产阶级的定义已经不一样，我见过最聪明的一种界定，不是用人均GDP或人均收入来界定，而是卡耐基基金会2014年发布的报告中所说的，如果你家里有汽车，在北京摇不着号，但和其他中产阶级家庭一样，你就是中产阶级。在五线小城市买个5万元的小车你也是中产阶级，大家仔细体会一下这个定义，其实挺有道理。

以上总结了三个“30年”的分段，又从不同的方面进行了总结对比。这三个“30年”，尤其是前两个“30年”，头30年人们认为最重要的是政府要有所作为；后30年人们认为最重要的是市场自由，政府要减少干预，虽然表面上看许多东西是完全对立的，但它是完全可以统一的。通俗来讲，这就是公共产品与私人产品的映射关系。在此，我提供一个民本主义政治经济学的理论新框架来阐释并融合这两个“30 年”。

首先，我们需要解答一个问题，经济繁荣到底从何而来，是源自公共部门还是私人部门？从表面来看，财富的创造、分配和消费大多体现在私人部门。但本质上，若离开了公共产品的支撑，正常的经济活动是无法进行的，如叙利亚、利比亚等国的政治动荡，经济活动几乎无从进行，更谈不上财富的积累，原因在于缺乏最基本的安全和秩序这一公共产品。越复杂的市场经济活动就需要越昂贵、越高级的公共产品来支撑。因此，我的观点是，私人部门的经济活动是由公共产品作为本体而“投影”出来，如同小孔成像的原理。从社会安全与秩序，到基础设施建设，到国际市场准入，再到知识产权保护，等等，是一国公共部门所提供的各种公共产品在私营部门投影出不同类型的经济活动，从而带来了财富与繁荣。

这就引申出另一个问题，公共部门与私人部门的关系是否意味着国家政府与民营经济之间此消彼长的关系？即所谓的民进国退或者国进民退？当然，答案是否定的。二者之间是映射关系，政府首先要提供公共产品，这些公共产品的存在使私人部门的各类经济活动得以实现（Enabling），其实市场本身就是一种公共产品。

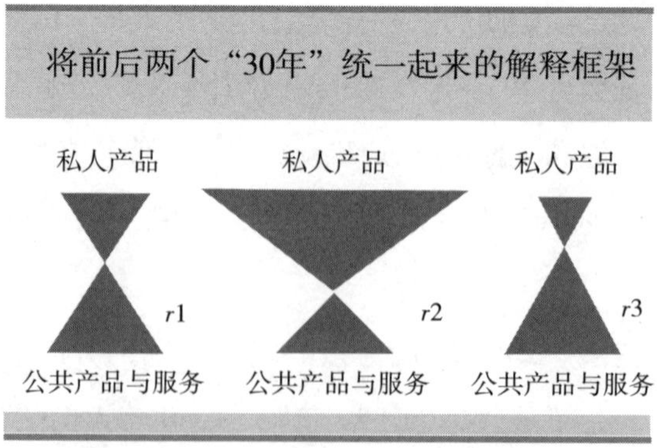


**图 3　公共产品与私人产品的映射关系**

如图3所示，一个国家要繁荣，需要两个条件：公共产品与服务的支撑力度较强，即底边长，同时要求交点的位置要低，这个点指的是一国综合税点，其位置是公私之间的财富分配比例，即一国公共部门需要汲取多大比例的国民财富（税点高低）来维持其公共产品（底边长度）。税点高低主要取决于政府的整体效率，也取决于债务结构和货币主权。

## 二、中国工业化成功的几个问题

中国经过70年的经济发展，取得了巨大的经济成就。这里就有几个关键问题需要重点关注。

### （一）中国同苏联与美国之间究竟是什么关系？

70年的发展，中国是以“学生”的身份先学习苏联，打造了初步的经济基础，后来又学习美国，实现了经济飞速发展。苏联和美国都是中国的“老师”。美国的艾森豪威尔说过一句名言，“朝鲜战争是一个在错误的时间、错误的地点和错误的敌人打了一场错误的战争”，他不是怕我们，而是根本不需要动用资源和中国较劲，真正需要对付的是苏联。回顾这之间的关系，在冷战时期，中国符合一个结构性特征，这在政治经济学中被称为“较小威胁特征”，即当中国被认定为较小的威胁时，就拥有了安全的外部环境。

现在回过头来看，20世纪40年代末，世界上的两大文明古国重生了，一个是印度，另一个是中国，这两个发展中大国，当时手里拿的牌差不多，印度比我国略好，但现在中国的GDP和国际影响力都明显超过了印度。为什么？背后的原因是什么？其实就是最初双方作的战略选择有所区别。印度人在2000多年前有一本战略思想经典，如同我国的《孙子兵法》，那本印度经典误导了一代又一代的印度青年，其核心思想是“两人打架第三方得利”。所以印度这个国家这么多代人都有一个强大的偏好，即“坐山观虎斗”。1949 年，我们党即将夺取全国胜利，党内也有过战略变动，在美苏两大阵营中是“选边站”还是像印度一样“骑墙”，当时党内高层有一些同志认为也应该像印度一样“骑墙”，和两边都保持一定的关系，不卷入双方的关系。而最终毛泽东同志认为，目前我们的实力不足以作为独立的第三方，我们一定要选边站，既然我们是共产党，首选就是苏联，所以作出了“一边倒”的决策。中国的对外政策与印度的差异在于：中国乐于在两大阵营中“选边站”，印度则“骑墙”，实践证明中国的战略更高明。但是 20 世纪 60 年代末，也恰恰是毛泽东同志开启了转向美国的战略决策，直到 1979 年邓小平同志完成了这一战略转向。

全球主流国家治理模式，从苏美之间的体制冲突向中国体制的演进，可以用“代际更替论”来解释。中国头 30 年学习苏联，后 30 年学习美国。前 30 年学习苏联建立起了强大的公共部门，打造了一个很好的发展基础；后 30 年学习美国塑造了一个繁荣的市场部门。因此，中国从苏美两国汲取精华，发展出既符合自身特点又符合时代趋势的国家治理与发展模式，比历史上的两个超级大国更具有活力和制度优越性。

从意识形态上讲，苏联和美国表面上看起来势不两立，但其实都是同一代的产物，即大众政治时代的产物，什么是大众政治时代？就是由于知识的普及，大众都要参与政治，导致千百年来王公贵族垄断政治社会事务的时代一去不返。苏联和美国分别代表大众政治的两种国家治理模式，其差异是：苏联自上而下塑造共识，而美国分为左右两翼营造共识；其共同点是两国的政治观念在大众中都是正态分布的。

然而，现在属于数字化时代和互联网时代，人们自己寻找和选择感兴趣的信息源，很难再被精英们把持的舆论机器所控制，导致原有的社会共识崩塌，因此，无论是苏联还是美国的政治体制都已经过时了。新的时代需要新的治理体系和治理能力，新时代的中国正在探索这种新型治理模式。

## （二）1979年以来中国是不是“搭便车者”？

在美国，尤其是精英阶层，如奥巴马、特朗普总统都认为中国是“搭便车者”，这个说法对不对？当然，这种说法是错误的。首先，中国的确是全球化“班车”上最大、最成功的“乘客”，离开了这趟全球化“班车”，我们过去30～40年的快速工业化成功、市场化成功是不可能的。问题是，他们认为我们“搭便车”、不愿意“付钱”、占美国便宜的说法是错误的。

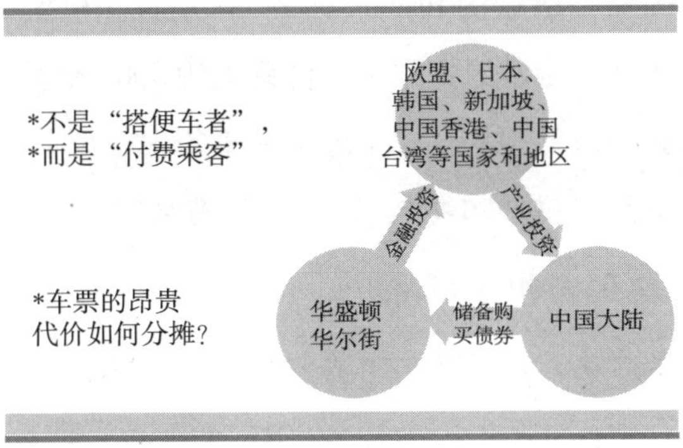


**图4　美国—欧盟、日本、韩国、中国台湾—中国大陆之间的资本与商品循环**

我们的确靠全球化挣得盆满钵满，但是我们也是付出了巨大的代价，购买了昂贵的“车票”。这里面存在三角的资本循环，美国把资本输送给欧盟、日本、韩国、中国台湾、中国香港，这些国家或地区把制造业搬到中国大陆，中国大陆把外汇储备放回美国。其中存在巨大的利差，使得很多利润流向了华尔街。

首先，美国是全球的铸币者，它提供信用，把货币以金融投资方式，包括股权投资、对冲基金、债权基金，投放到世界各地，一般来讲，是有美军驻扎的地方。

然后，在全球化过程中，中国主动融入全球化工业生产中。会通过税收减免、工资福利等招商引资的条件，使工厂进驻中国，使中国的工业基础继续扩大和坚实。当然，在工厂进入中国之后，之前使用美元的投资，会通过外汇兑换而使用人民币在中国境内经营，而相应的美元则在国家外汇管理局进行统一管理。

最后，中国通过国家外汇管理局储备的外汇资金对国外进行投资，其中相当一部分资金购买了美国国债，最终形成了一个资本货币的三角循环。

在这一过程中，外资从中国获得10% ~15%的年复合收益率，而中国外汇储备从美国国债中所获的利率只有2.5%左右。根据研究测算，最高峰的时候中国每年补贴给世界资本主义体系大约4000亿美元的净利润。这庞大的利差则是我们搭上这趟美式全球化列车的“车票”，价格不菲。

总之，我们不是“搭便车者”，而是“付费乘客”。

## （三）逆全球化与中美脱钩

既然说到了全球化，这里有两个需要解决的问题：第一，为什么1979年英美要带头提全球化？第二，为什么2016年起英美带头提逆全球化？

首先，简要回答第一个问题，为什么1979年英美要带头提全球化？背后有多个原因：金本位制结束了，铸币国的欠债实际上不用再还；当时的背景是高通货膨胀；当然还有其他因素，如技术进步及自由主义思潮的兴起。

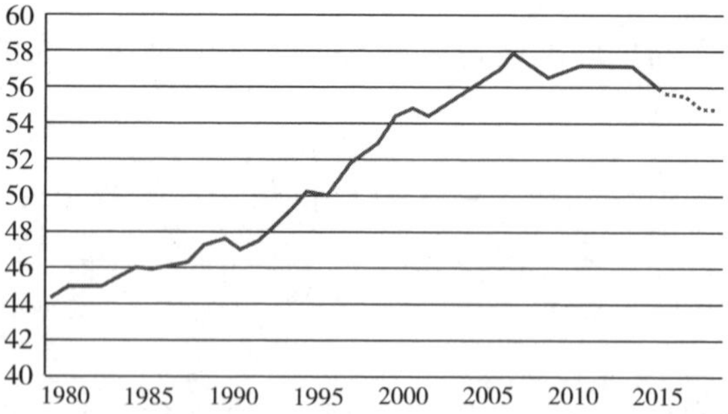


图5　KOF经济全球化指数

第一，美国通货膨胀或者整个世界的通货膨胀已经到了接近零的位置，甚至负利率的状态，逆全球化对债务缠身的西方利大于弊。第二，更主要的原因是美国内部民主与自由反目。美英白人蓝领群体30年来工资从未上涨，30年前他们的年收入就是人均3万~7万美元，到今天还是3万~7万美元。名义收入没有提高，但是物价、房价、股价大幅上涨，失业率也有所上升了，美国社会很残酷，失业之后就无法维持中产阶级生活。所以这个群体支持英国脱欧，选择特朗普当总统，支持中美脱钩。

中美关系什么时候开始变坏的？具体来说，从2010年7月河内会议开始，美国就下定决心将中国视为对手。由于美国是多种族国家，内生的分裂属性使其不断地寻找意识形态敌人来强化内部认同。

在英美掀起的逆全球化时代，中美脱钩其实并不可怕。

首先，冬天来了，应该准备棉衣，不能因为自己喜欢夏天而拒绝冬天的到来。英美的逆全球化有其内部的政治经济机理，也有历史运行的内在节奏，我们必须顺势而为，而不是刻舟求剑，应多读历史并从中吸取教训，而不是迷信自由主义意识形态教条。

其次，成长的本质就是不断地分离，中国的成长也是一个从全球资本主义体系中汲取养分然后不断分离的过程。西方市场由于人口老化和政治极化而不再像此前那样愿意持续购买我国的商品，我国经济的进一步成长必须寻找更加可靠、规模更大的市场。未来的增量市场有两个：一个是国内4亿规模且继续扩大的中产阶级；另一个是40亿“一带一路”沿线的年轻人。过去我们向美国、日本、欧盟的10亿人出口，并将所得盈余变为对他们的债权；未来我们向发展中世界的40亿人提供信贷和投资，以便他们有钱购买我们的商品，这种盈余将转变为对这40亿年轻人的债权。这两种债权都会导致全球性的失衡与泡沫，因为前者没有打算还钱，后者多数还不起。但是，这两种债权及其背后的泡沫存在较大区别，因为债权的定价货币将从美元和欧元变成人民币，全球经济周期的主导权将因此而出现重大转移。

最后，贸易摩擦的冲击并不可怕，最近10年来中国经济体对出口的依赖度大大降低，中国对美国市场的依赖远远小于10年前。中国从美国获得的贸易盈余其实并不能留在国内，而是主要由外资加工贸易所创造，通过零部件购买和利润汇出回到了境外，所以中国对美国市场的真实依赖程度远远小于表面数据的水平。更重要的是，我国本土消费市场的规模正在超过美国，我国的财政实力也正在迅速上升。如果我国选择让人民币汇率保持强势，我国的经济规模和本土市场就可以迅速超过美国。

反过来看，如果我们选择继续围绕美国市场、美国技术和美元储备来建设中国经济，那么中国经济超过美国就会可望而不可即。因为中国生产的是商品，美国生产的是货币信用，实体商品生产的速度永远赶不上虚拟信用生产的速度。此前的各个挑战者，如苏联、日本、欧盟，其经济规模都无法真正超越美国，从全球市场结构来看，这是有其内在原因的。

所以继续待在美元体系之下，各大经济体规模妄想超越美国，逻辑上是不可能的。所以我一直主张，我们现在已经有条件逐步脱离美元体系。对中国来讲，如果我们选择人民币汇率保持强势，那么我国的经济规模就可以迅速超过美国。结合数据和全球格局，主动与美国脱钩应该是必要的过程。有不少人迷信美国，害怕贸易摩擦，害怕脱钩，主要是因为不理解全球现代货币体系的内在原理和结构，当然也有少数人是因为个人和家庭利益被“美式全球化”套牢了。

从古罗马的先例来看，臣服和依附于罗马的民族在短期内都获得了和平、安全与繁荣，但是在百年内都被罗马消化了，不仅是因为内政被操纵，而且各族的王公贵族都以把自己的后代变成罗马人为荣。如果我们继续依附于美帝国体系，“温水锅中的青蛙”一般满足于经贸上的一点蝇头小利，长期来看不但难保政权和制度，甚至难保自身文明的延续，更遑论复兴了。在这个意义上，特朗普的贸易摩擦相当于一个及时的“叫早服务”

(Morning Call)，把我们从新自由主义的迷梦中叫醒了。

### (四)“一带一路”与新型全球化

最后，我要讲的是“一带一路”，“一带一路”是新型全球化。为什么要提“一带一路”？许多国家认为我们缺资源，这是完全错误的说法。

马克思主义指出，财富的源头是人而不是物。其实，人口资源是最重要的资源。人之宝贵，不仅仅是作为劳动者、生产者、创造者，还在于他(她)作为真正的消费者。

公共部门弱才叫发展中国家。大政府、小社会是发达国家的标配，小社会、小政府是发展中国家穷国的标配。苏联、美国、英国、欧洲都是塑造强政府，无一例外。

我们追求什么要素？发展中国家不需要钱，因为它们的钱无法获得正常收益，虽然有众多自然资源，许多年轻人都想买东西，也就是有很多商机。既有商机，又有需求，可是你挣不到钱，因为你没有公共产品作为支撑使正常的经济活动谋利。

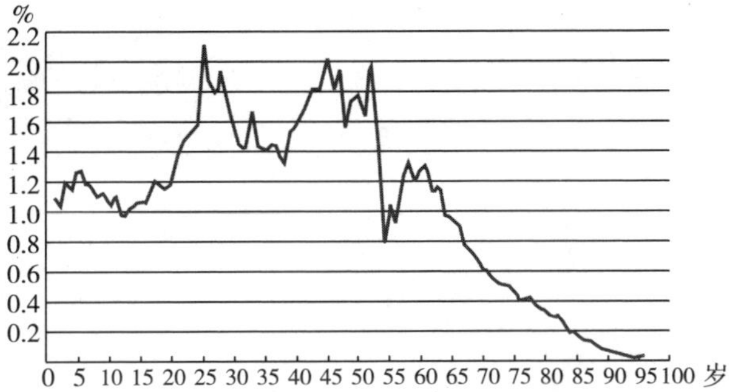


**图6　2014年中国人口年龄结构**

图6是我通过研究得出的数据，横轴是从新生儿到百岁老人的年龄，纵轴为相应年龄人口占总人口的百分比。从中可以看出，新踏上社会的年轻人大大少于前两代人，而正在退出劳动力市场的人口规模非常巨大。这为我国调整汇率政策和贸易政策提供了充足的回旋空间。近年来，虽然二

胎政策已经全面放开，但是生育率并没有明显的上升。由于生命力和欲望的自然萎缩，老年人消费乏力，真正的消费主力是青年和中年这两个群体。因此，中国的巨大产能及持续增长，需要寻找更大规模的年轻群体，并赋予他们较高的购买力。

在世界范围内，中国人口的年龄中位数为37.1岁，而“一带一路”沿线国家的年龄中位数较低。

所以，通过把中国的一部分储蓄从美欧的低息甚至负利率国债中分流到这些年轻的国家中，“一带一路”将创造新的全球市场增长空间，并使全球70亿人之间更加平等。

（本文由翟东升教授于2019年10月11日在人大重阳“新中国70周年”主题系列讲座中的演讲整理而成。）

# 从大历史看新中国 70 年

王义桅*

新中国 70 年，经历了人类农业革命、工业革命、信息革命、社会革命、政治革命、文化革命的各个阶段，是全球化的浓缩版。从大历史的视角看，新中国为什么不容易？新中国 70 年，尤其是改革开放 40 年，没有进行任何扩张而实现原始积累，就实现了工业化和全球化，这就是中国的不容易。今天的中国在参与全球化的过程中实现了崛起，既崛起又复兴。

## 一、新中国 70 年折射了更大的历史

我们讲的“大历史”不只是五千年的历史，整个人类文明的历史比五千年要长得多。埃及的卢克索神庙上有一句话非常震撼：“历史从这里开始。”五千年中华文明尽管没有埃及历史悠久，但延续不断。今天的埃及，人种、语言都变了，但我们可以读懂秦始皇的奏折，还有高考中有学生用甲骨文写作文。这是值得我们自豪的地方。这是回顾历史的第一个维度：埃及的维度。

第二个维度：欧洲。欧洲人说了一句话：“古代历史从埃及开始，现代历史从欧洲开始。”工业革命从英国开始，而后扩展到欧洲大陆，最后

* 王义桅，中国人民大学习近平新时代中国特色社会主义思想研究院副院长，重阳金融研究院高级研究员。

到了美国。马克思在《共产党宣言》中指出，资产阶级所创造的财富是人类几千年所创造财富的总和。所以，人类真正的全球化的历史是从欧洲开始的，是从工业革命开始的，当时的欧洲人提出了一个概念——“人类世”（The Anthropocene）。

中国在鸦片战争中被打败了，我们痛定思痛，为什么？其实我们是败给了工业革命。中国的农耕文明已经达到了极致，自给自足的小农经济被工业革命摧枯拉朽地打败了。所以，一个文明的历史再悠久，在现代文明体系里未必意味着就有优势。现在是工业文明和全球化的时代，中国 1911 年才融入全球化体系，2001 年才加入世贸组织。从全球化的角度来看，中国还很“年轻”。

人类的历史从埃及开始，全球化的历史从欧洲开始，而中国在这两个方面都超越了它们。中国共产党不仅复活了五千年连续不断的文明，维持了大一统的局面，开启了伟大复兴新征程，而且结合了以 5G 为代表的新技术。所以，新中国 70 年折射了更大的历史，这个大历史是从整个人类文明的发展史来看新中国的 70 年。

**图 1　王义桅教授在人大重阳“新中国 70 周年”主题系列讲座中作演讲**

## 二、新中国为什么不容易？

如何理解新中国为什么不容易？中国共产党用了 28 年的时间创造了新中国，确实不容易。但与其他国家所建立的政权不一样，新中国延续了维持中华文明五千年的历史传统，而且和欧洲人一样实现了工业革命。“站起来”说的是中国走向独立自主。

接下来，是“富起来”。这一阶段，我们是“在美国的土地上种庄稼”，进行工业化、改革开放，融入国际体系，这些都是美国化。今天我们要“强起来”，就是说美国不让你“在我的土地上种庄稼”了，你还能不能继续发展？美国要在世界上重新建立一套体系，“退群”的目的是要重新引导这个世界，绝对不会从世界上退缩。

今天，中国“强起来”有三种选择：第一个是“另起炉灶”，所谓的“脱钩”，就是两套体系，中国有没有这个能力？当然没有。第二个是在这个体系上“修修补补”，让这个“屋子”能容纳下中国。然而，美国人均消费的原油总量占世界的 1/4，中国人口是美国的 4 倍，中国没法和现在的美国一样发展，在原有体系里修修补补也很困难了。所以必须要走新路，就是“一带一路”与人类命运共同体的新路。

简单地“修修补补”和“另起炉灶”都不够，怎么办？接下来，第三种选择就是国家治理体系和治理能力现代化，建立一个更大的包容性的体系，这个体系就是“一带一路”，背后的理念就是人类命运共同体。今天的中国要走一条新型的工业化道路，不以牺牲自然环境为代价，还要翻两番，能否实现？这就是中国新时代面临的重大挑战。

古典经济学家休谟曾经预言，艺术和科学在一个国家达到至真至善的时候，艺术和科学将不可避免地走向衰微，至少不会在同一个国家得到复兴。中国在农耕文明时代以丝绸为代表达到了人类文明的高峰，很少有文明还能产生新的技术革命，就像 5G 一样还能再次复兴的，基本上不可能。而到今天为止，中国在各个领域发展的奇迹已经不断地突破了休谟的预言。

当今世界有四类国家：不崛起不复兴（叙利亚）、崛起而不复兴（印度）、不崛起而复兴（利比亚）、崛起又复兴（中国）。

崛起是在五百年西方主导国际体系下实现的；

复兴是在五千年文明体系下实现的，告别近代，走出西方。

中国为何既崛起又复兴？这是中国提出人类命运共同体和“一带一路”的基础。我即将推出的著作《世俗伦理与社会主义精神》论证了其中原因：

崛起：社会主义市场经济，源于中式辩证法、政府—市场的统筹，反映中华文明兼收并蓄、融会贯通，超越西式二元论——市场经济与社会主义不兼容。

复兴：世俗文明、实事求是，超越单一神论的自以为是——实践是检验真理的唯一标准，实现创造性转化与创新性发展，即传统中国—现代中国—全球中国的“三位一体”。

台湾的朱云汉院士在观察者网上写了一篇文章，他说：“历史上有无数超级大国的兴起，从之前的葡萄牙、西班牙，到荷兰、英国，再到美国，此起彼伏，没有一个超过130年的。”这是历史学家统计的，所以为什么现在美国比较焦躁？美国很难控制欧亚大陆，因为它不是世界的本源。布热津斯基说，如果欧亚大陆连在一起，美国就是一个孤岛。美国目前在“一带一路”中有一点被边缘化的感觉，所以美国要“另起炉灶”。

从数量上讲，中国的工业革命没多少年，却创造了让世界羡慕的成就，达到了十几亿人的现代化水平。从质量上讲，中国正在实现跨越式的发展。① 新中国70年，尤其是改革开放40年，没有进行任何的扩张而实

① 例如，工信部部长苗圩称“中国制造2025”是工业2.0到4.0并联式发展的战略。他指出，西方发达国家是一个“串联式”的发展过程，工业化、城镇化、农业现代化、信息化按顺序发展，发展到目前水平用了200多年时间。我们要后来居上，把“失去的二百年”找回来，决定了我国发展必然是一个“并联式”的过程，工业化、信息化、城镇化、农业现代化是叠加发展的。我国工业和信息化的辉煌成就与宝贵经验（光辉的历程 深刻的启示·庆祝新中国成立70周年）[N]. 人民日报，2019-10-08.

现原始积累，实现了工业化和全球化，这就是中国的不容易。

## 三、强起来为什么如此难？

第一，从大历史角度看“不容易”。埃及的卢克索记录的人类历史和工业革命开启的现代历史中说，中国以前是“世界的中心”，即“天朝体系”，当时是自给自足的小农经济，天下并不是真正的天下。所以中国从来没有成为世界性的大国，这是历史上继“三个世界”以后，第一次提出了人类命运共同体。20 世纪还是革命斗争的策略，今天的人类命运共同体已经超越了这个策略。

第二，中国作为一个世俗的世界大国要包容所有的宗教文明，所以中国现在面临世俗的文明要在一个宗教的世界中实现伟大复兴。怎么办？习近平总书记提出了人类命运共同体，无论是什么宗教、有没有宗教、是不是信神，都是人类命运共同体，它超越了“人类世”以人类为中心的西方学说。

第三，中国现在面对的整个世界都被西方殖民掉了。工业革命以来，从英国开始，后来到了比利时等欧洲各国，所有的工业化国家全部被美国“收编”，变成了美国的盟友。现在来了一个实现工业化、规模最大、最独立，还不是西方式民主的中国，怎么办？这就是为什么现在美国要打压中国的原因。

第四，中国还是当代数字革命、信息革命里处于引领地位的国家。所有国家都变成了美国的盟友，唯一的例外就是中国。所谓的盟友，是依附于美国的，其安全是掌握在美国人手里的。美国掀起的贸易争端，加速了中国实现自主化。美国人对中国真正的恐惧是：一个异质的文明，一个共产党领导的国家掌握了 5G 和新技术，又不是美国的盟友，“不能把你放到我的体系里变成我的一部分”。

第五，美国是基督教国家，如果不皈依就妖魔化，只有两种选择，所以美国有“再造中国”失败说。中国称“远人不服，则修文德以来之，既来之，则安之”。这是不一样的。为什么美国交替出现了“中国威胁论”和“中国崩溃论”？这是因为美国不认为除它之外还有个“老二”，还有另一个“山巅之城”与另一群上帝的选民。中国挑战了美国的身份与认同。

第六，中国还面临美国或者西方的阻力，以及整个世界对中国的不理解。整个世界本身的规则在变，以前中国与世界接轨，现在轨道都没有了，出现了百年未有之大变局，怎么办？整个人类都面临这个问题。中国刚刚学会 WTO 的游戏规则，现在游戏已经变了。AI 可能对人类就是一个最大的威胁，大数据和隐私权的保护，对中国来说是双重挑战。

面对这样的挑战，中国只有唯一的选择，就是建立一个更大的体系，解决西方所解决不了的问题，这就是今天人类命运共同体和“一带一路”所需要的体系，就是整个国际体系的包容、开放的问题，整个人类文明何去何从的问题。

## 四、上下五千年

中国曾经十分辉煌，但农耕文明、内陆文明是区域性的，今天我们变成了海洋文明，陆海兼备，同时又变成了工业和信息文明，变成了真正心怀天下的文明，叫“全球中国”。什么意思呢？中国将来的产出，大部分可能在海外。

就丝绸之路来讲，中国有五千年的文明，“一带一路”是将古丝绸之路的农耕文明最高的代表——丝绸变成了 5G，见证了人类文明的兴衰。从大历史来看，奥斯曼帝国攻陷了君士坦丁堡，丝绸之路衰落了，现在又走向复兴，这是人类历史的一个回归。原来欧亚的全球化进程中，大陆文明被西方文明打败之后，整个人类历史海权战胜了陆权。为什么美国不是全球霸权？因为它很难越过大西洋和太平洋来控制欧亚大陆。今天是要陆海连通，整个人类文明要实现大的跨越。

一个大的时代正在来临，这个大的时代我们称为“一带一路”，丝绸之路只是作为一个象征，中国古代就叫“丝绸的国家”。所以中国的国名与国运也与丝绸之路有关。从大历史看“一带一路”，从公元前 139 年张骞出使西域的“凿空之旅”，过了 700 年隋炀帝在西域张掖召开了“万国博览会”，又过了 700 年郑和下西洋，再过 700 年习近平主席提出了“一带一路”倡议，所以等了数个 700 年才等到了今天。孟子曰：“五百年必有圣人出，七百年必有中兴。”

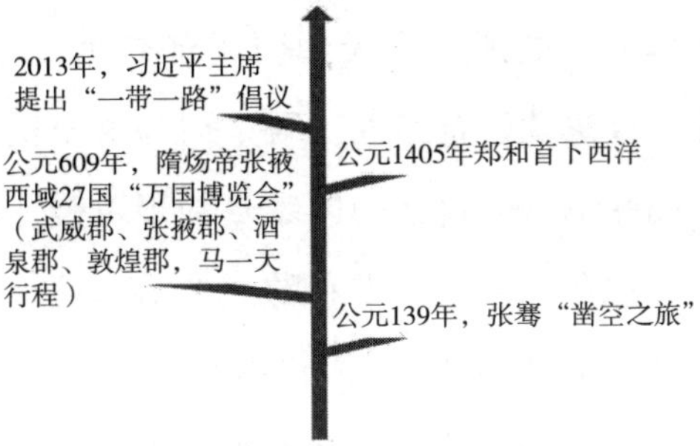


**图 2　七百年中兴**

我们称之为五千年未有之变局，就是中国正在推动一个文明的转型：从内陆型的文明走向陆海兼备的文明、海洋经济大量发展，农业文明到了工业和信息文明，从区域性的文明到了全球性的文明。

2015 年 6 月 3 日《华盛顿邮报》有一篇报道，指出世界经济中心千年后将回归东方。1735 年是东西方的分水岭，那一年雍正帝驾崩，第二年乾隆帝继位，后来中国逐步走下坡路。2000 年，中国加入世界贸易组织之前，中国的 GDP 只有美国的 10% 多一点。到了 2015 年，中国从美国 GDP 的 12% 增长到了 62% 。这个进步是惊人的。现在中国要复兴古代的精神，发扬以和平合作、开放包容、互学互鉴、互利共赢为核心的丝路精神，构建相互尊重、公平正义、合作共赢的新型国际关系，在很大程度上是在告别近代以来的西方列强谁主沉浮的竞争。

## 五、五百年来谁著史

500年来有两个重要的历史阶段：一个是1453年奥斯曼帝国攻陷了君士坦丁堡，史称“奥斯曼之墙”，切断了古代的丝绸之路，后来陆上丝绸之路就衰落了。所谓的古代文明，基本上大陆文明都分流了，这是东西方的节点——大分流。所以，500年来最重要的事情是工业化，工业化和地理大发现连在一起，中国的四大发明也推动了欧洲的发展。

人类历史改变以后，之所以今天中国还有空间，或者说“一带一路”之所以有其合理性、合法性、合情性，就是因为这个世界并不是真正的世界。很多国家的人民并不认为自己的国家真的很可爱，他们很羡慕别的国家。晚上的灯光都集中在北美、日本和欧洲的沿海地区，广大的内陆地图一片漆黑，实际上是因为还有13亿人没有用上电。怎么办呢？“一带一路”就是给世界点灯，它的合法性就在这里。因为全世界发展不平衡、不充分，对公共产品的需求和落后的供给能力是两个主要矛盾。“一带一路”既要解决发展不平衡、不充分的问题，同时也要解决很多国家落后的生产力和人民对美好生活向往的矛盾。这就是今天新中国崛起以后，要为世界提供更多的公共产品，要解决人类面临的普遍问题。

原来的全球化不是真正意义的全球化，是单向度的全球化。《共产党宣言》指出，中国是东方从属于西方，农村从属于城市，未开化、半开化国家从属于文明的国家。今天强调现代丝绸之路重新复苏，“一带一路”告别了500年的西方中心论，所谓“人类世”，这是非常艰难的，既要复兴延续不断的古代文明，同时还要建立一个现代文明。

资本主义在世界上一直通过“吸血”的方式来实现自身的全球化和工业化。“一带一路”是中国帮助贫穷国家“造血”，这就是我们与他们不一样的地方。比如，从坦桑尼亚到赞比亚1800千米的坦赞铁路，当时毛主席会见尼雷尔总统的时候说：“你们有困难，我们也有困难，但你们的困难和我们的不同，我们宁可自己不修铁路，也要帮助你们修建这条铁路。”

今天的中国是在参与全球化的过程中实现了崛起，中国的复兴不是在简单的全球化的前提下，而是一种新型的全球化。中国在变，世界也在变，在双向变化的过程中，不确定性的风险更大了，我称之为2.0版。1.0版是“在美国的土地上种庄稼”，接下来是“在人类的土地上种庄稼”，人类命运共同体就要“在人类的土地上种庄稼”。这也是中国所面临的挑战所在。

第二个重要的历史阶段是1735年，也就是所谓的“大分流”。西方工业革命以后那套话语体系把偶然的东西说成是必然的，把地方性的说成是全球性的，把果说成了因，而我们对西方的理解只知其果不知其因，只知其正不知其反。例如，个人主义或者自由，第一个自由是国王和上帝之间作了一个交易，把恺撒的给恺撒，把国王的给国王，后来国王再给政府建立一个契约，英国贵族联合在一起签署了一个宪章，这就是宪政的开始。政府还要给人民再签署另一个宪章，叫做《社会契约论》，这是卢梭的思想。这才是民主和自由的来历，是从宗教革命到政治革命，再到后来所谓的现代政治文明。

中国人没有这个问题，中国人是“三圣合一”的，没有政教分离这一套，所以中国讲的自由与西方讲的自由不一样，我们讲的自由是天人合一的自由，是达到一种境界。这就是只知其然、不知其所以然。近代以来，西方国家都被美国“收编”，变成了美国的盟友，现在来了非盟友，在工业革命中成功了，而且还引领了新的工业革命。这是今天的中美贸易摩擦发生的背景：中国不仅打破了普世价值的神话，还要打破美国那套神话，所以中美之间绝不是简单的贸易摩擦，也不是简单的两个大国之间的博弈。

## 六、180 年的近代世界

第三个维度，180 年来，从鸦片战争到现在，世界大势浩浩荡荡，睁眼看世界，那个世界主要是西方世界。梁启超写了《欧游心影录》，他去的国家不到 20 个，只是到了欧美等发达国家。孙中山先生说世界大势就是所谓的工业化、民主化，向西方学习，但是并没有真正成功。真正的成功是共产党领导下的新中国取得的。有人说，“外国的月亮比中国圆”，今天我们只有一个“月亮”，叫人类命运共同体。

中国想要自立于世界民族之林，西方做到的中国也能做到，这就是当时的先哲们最大的理想。无论是孙中山先生、毛泽东主席还是邓小平同志，都说“团结一切平等待我之民族”，因为近代历史上中国一直被欺侮。但是，今天外国担心中国能不能平等待它，这个时代已经变化到了这个程度，所以现在不仅仅是要“可爱的中国”，还有“可爱的柬埔寨”“可爱的毛里求斯”“可爱的刚果”“可爱的世界”，这是中国现在正在做的事情。

180 年来直到现在，进行了一个伟大的转折，所谓的新中国，就是再造了一个中国。五千年的文明不仅要连续不断，而且要发扬光大，变成工业和信息文明，维护中国大一统的局面，让社会主义在中国焕发生机，让世界增强对 21 世纪社会主义的信心，所以中国所肩负的使命是有多重，这都是很难的。

## 七、70 年新中国

新中国 70 年可分为三个大的阶段：

第一阶段，朝鲜战争和美国脱钩，中苏论战和苏联脱钩，中国独立自主。

第二阶段：所谓的与国际接轨、改革开放，形象地说是“在美国的土地上种庄稼”。现在面临巨大的挑战，如华为事件，如果美国不让用谷歌的安卓系统，华为手机只能在中国销售了。另外，在国外华为也面临很大的问题。

第三阶段，中美贸易摩擦，在人类命运共同体的“土地”上种“一带一路”的“庄稼”。美国的霸权是建立在几百年来的英国霸权、欧洲霸权基础之上的，是西方内部的循环，中国人要站在“东方肩膀”往上走。从话语权角度亦是如此，西方自认为是正统学问，东方的学问是“埃及学”“波斯学”“汉学”，所以它的学问分三六九等，汉学、中国学都是歧视性语言。

从人类文明史上看，新中国主要做了几件重要的事情。首先，建立起世界上最完整、最独立的工业体系。我们概括为“四个自信”，最根本的是不依附于别人。在制度层面、发展模式上实现工业化。工业化是人类真正的大分水岭，中国之所以能够挺住脊梁，靠的就是工业化。

习近平总书记说过，不能用前 30 年否定后 30 年。前面是打基础的，当时是以重工业为基础的，老百姓的生活水平当然提高得很少。后来发展轻工业，改革开放以后老百姓的生活水平急剧提升。中国既有传统的重工业，又有轻工业；既有传统的工业，又有新型工业。40 年的改革开放使中国经济实现了崛起，所谓穷则变、变则通、通则久，最后构建人类命运共同体。

中美贸易摩擦就发生在这样的背景下，中国开始在人类新的技术革命，工业 4. 0、5G、万物互联时代中做弄潮儿的时候，表面上是贸易摩擦，背后是科技摩擦，再背后是资本主义文明和社会主义文明、世俗文明和宗教文明的博弈。中美贸易摩擦不只是发展模式的竞争，还有国际贸易规则也在调整，还有全球化的礼崩乐坏，必须通过伟大斗争的方式来实现中国的奋斗目标。

## 八、新时代：再造中国，再造世界

“再造”不是推翻重来的意思。“再造中国”就是再造一个海外中国，在世界上建立起广袤的市场，在产业链上实现跃升，改变受制于人的局面。全球化是强者更强、弱者更弱，以资本为导向，让有钱人更有钱。中国的“一带一路”聚焦于基础设施、实体经济，造福于广大民众，这就是中国共产党的精神。

中国的海外资产只有不到本土的一半。2010 年，中国超过日本成为第二大经济体，日本人不服，说他们有海外日本，本土失去了 20 年，但在海外储存了一个日本。“一带一路”要再造一个海外中国，不是 GDP，而是 GNP 的崛起。

**图 3　西方杂志报道中的中国**

以前我们与发达国家合作，已经创造了改革开放的奇迹，现在还有广大的“一带一路”沿线国家。世界上 80% 的人生活在发展中国家，如非洲有 12.5 亿人口，是人口增长速度最快的一个洲，人口数量仅次于亚洲。到 2050 年，非洲的人口可能达到将近 30 亿人，为什么“一带一路”中非洲这么重要？非洲劳动力的平均年龄是 27 岁，印度是 37 岁，中国是 47 岁，这 10 年的代差，就是我们建设“一带一路”的动力。为什么要重视非洲？

梯度转移，人口年龄是象征，包括工业化的水平，我们现在有大量劳动密集型的产业要转移到非洲，当然，中国投资非洲也面临很多挑战，语言和反恐方面都有压力。

实现世界经济再平衡、国内供给侧改革、世界需求侧改革，不是在原来的思路上做文章。全球中国的崛起，告别了近代，走出了西方，从古代天下自己为中心，到近现代融入西方，所谓中学为体、西学为用，到今天的新时代“人类为体，世界为用”。这就是为什么要提“一带一路”、人类命运共同体，因为体现了新时代中国的理想。

实现路径是全球互联互通的伙伴网络，整个世界要素重新自由流动，非洲有人口的优势，亚洲有技术和资金优势，拉美有资源优势，按照人类为中心的发展理念，强调实体经济、互联互通，这就是新型全球化。人类正在经历一个大的变局，互联互通决定了21世纪的竞争力。

美国有很多原创型的力量，中国是应用型的力量，欧洲是规范的力量，这三大力量一起合作，才能解决人类的共同问题。从另一个角度来讲，世界三大文明中，中华文明强调做人。新时代的中国提出了“一带一路”和人类命运共同体，肩负着重要的使命，要创立人类新的文明。

新的文明是什么？就是超越分而治之。今天中国要把世界连在一起，要解决人类向何处去、世界怎么了、我们怎么办这些根本性和世界性的问题，这在很大程度上寄希望于中国。当年汤因比就预测过中华文明能解决人类文明的难题。因为中国是和合文化而不是分，世界已经分到极致了，不能再分了。和合，“和”是人类命运共同体，“合”是“一带一路”，互联互通就是“一带一路”的精神。

实际上，关于丝绸之路的复兴很多国家都提出来了，中国是最晚提出来的，为什么中国最成功呢？摩洛哥安全会议主席说过一句话：“欧洲只有两类国家，一类是小国，另一类是没有认识到自己是小国的国家，德国人口最多8400万人，还不及中国共产党党员的数量。”数量是优势，有数量才有质量，所以我们不到10年的时间修了3万千米的高铁，中国正在大量投资海上航线，世界上最重要的港口2/3都有中国的投资。世界上前10位的港口，有7家在中国。中国的贡献不仅是数量上的，而且是质量上的，解决了人类解决不了的难题，如2015年中国在联合国总部提出的全球能源互联网计划，通过特高压线路几千千米输送过去，彻底解决了人类能源短缺问题，同时实现了碳排放的减少。

什么都没有的地区，没有风，没有光，又没有水，怎么办？特高压几千千米输送过去，如中亚地区的煤和油变成电，新疆750特变压输送到南亚，有了以后还要智能化，还要集约利用，即“三位一体”，彻底解决了人类能源短缺问题。人大重阳现在就有一个团队在做全球能源互联网的工作，这是非常了不起的，这是在研究什么呢？研究解决脱贫致富、碳排放减少。中国国内已经实现了西电东送、北电南送、水火互济、风光互补、跨国互联。西方是“按下葫芦起了瓢”，我们既解决问题又不制造问题，西方的解决方式是解决一个问题、制造更多的问题。

联合国、世界银行高度评价了“一带一路”倡议，认为这是一种新型的全球化，是一种新的理念。展示的是中国和合的思想，解决了西方文明解决不了的难题，既解决发展问题，又解决规范问题。德国人、欧洲人要做什么事情，首先是制定宪法，先把规章制度制定好，说起来挺有道理的。中国的改革开放就是在发展中规范、在规范中发展，这是典型的中国做法。

“一带一路”的一个重要的思想，是把中国的变成世界的，但变成不是殖民、不是扩张、不是强行的，是分享，把这么高标准，所谓的市场原则变成了可以起作用的，创造条件让市场起作用，就是政府—市场双轮驱动，即所谓的有效市场和有为政府。

辩证地看，“一带一路”还面临巨大的风险。风险分为四大类：已知的已知、已知的未知、未知的已知、未知的未知。建设“一带一路”最大的问题是大敌无形，根本不知道是什么样的风险，这是最大的风险。

恐惧和希望变成了世界对中国的矛盾心态——美国和西方对华恐惧，欧盟还将中国视为“系统性对手”（Systematic Rival），而广大发展中国家却对中国充满希望。公共外交和国际形象要解决这个问题很难。但这就是百年未有之大变局的中国困惑：既被高度期待又被高度质疑。

不管怎么说，这么多的风险，这么多的压力和挑战，最关键的是中国自己要清醒，中国自己不要犯颠覆性的错误，更重要的是通过伟大斗争的方式来实现伟大复兴。

**图4　王义桅教授讲座现场**

要成为自己，而不是成为别人，这就是我们说的中国的成功就是鼓励他们成为自己，当然，不是让他们效仿中国，他们是学不来的。所以我们的初心在1949年新中国成立的时候已经很清楚了，“世界人民大团结万岁”，有哪一个国家在极贫极弱的时候有这样的胸怀？

因此，互联互通实现大团结，这就是人类命运共同体，这就是“一带一路”，这就是新时代，这就是大历史看新时代，这个新时代不仅仅超越了我国的五千年文明，而且超越了五百年现代性的西方学说，在某种程度上也是创造了人类新的文明，当然，这种创造不是我们一家，是我们与世界各国一起实现的真正意义上的大团结，才能实现真正意义上的人类文明的大创新。

（本文由王义桅教授于2019年10月16日在人大重阳“新中国70周年”主题系列讲座中的演讲整理而成。）

# 中国货币 70 年：货币是全社会的“记分牌”

周洛华*

从货币史的角度来看，中国共产党挽救了中华民族。

新中国成立之初，政府发行纸币的信誉荡然无存，党领导的新中国恢复了国家秩序，也恢复了人民对纸币的信心。中国共产党做的最伟大的事情就是恢复了秩序、重建了道德。这也是人类货币史上治理恶性通货膨胀最成功的实践。

**图 1　周洛华副院长在人大重阳“新中国 70 周年”主题系列讲座中作演讲**

* 周洛华，中国人民大学重阳金融研究院副院长。

图 2　周洛华副院长讲座现场

## 一、货币到底是什么？

大众所知道的货币，包括支付宝、信用卡、印刷的纸币都被认为是货币，这些其实是货币的支付方式或者表现形式，而不是货币本身。真正的货币是什么？货币其实相当于篮球比赛的记分牌。记分牌就是一块牌子，上面有数字，它决定了比赛的胜负，决定了两个队的地位，也决定了两队球迷的喜怒哀乐。

赢的队伍社会地位相对高一些，输的一方社会地位低一些，记分牌决定了相对的社会地位。真正决定比赛胜负和人们社会地位的是这个记分牌吗？其实也不是，记分牌体现的是比赛结果和篮球规则。所有的运动员、教练员、裁判和观众的内心都有一套默契一致的篮球比赛规则，大家都遵循这套规则。

货币背后也有一套规则，这套规则确定了社会秩序。货币实际上是一个“记分牌”，看到记分牌就要想到大家默契遵守的规则，但更重要的是比赛带来的乐趣，因为人类天生就有战斗本能。为什么有战斗本能？因为大自然要筛选强者，这是进化论，把货币放到进化论里就很容易理解。因为我们人类心里有一种战斗的冲突，尤其是雄性灵长类动物，和别人战斗的时候很兴奋，战斗会使我们分泌各种激素，使我们的免疫系统调动起来，使我们更健康，战斗使得我们更灵巧，跳得更高，有胜利的渴望，并体会到团结兄弟的乐趣。这实际上是大自然在进化过程中筛选优质基因的一场游戏。跳得更高，跑得更快，更具团队的队伍，更灵巧的伸手，三步上篮，抢篮板球，我们实际上是通过这个游戏锻炼自己的能力，大自然通过这个游戏筛选我们中的强者。整个货币实际上是这个筛选机制的一部分结果的反映。千万不要把货币和人的生活割裂开来，货币不是央行的事情，和央行的关系不大。

我刚上小学的时候恰好是党的十一届三中全会开始，我初中毕业时正是全面进入改革开放的时候，我国要实现“四个现代化”，当时的中国非常落后，今天的年轻人不理解当时的中国有多么落后，我们多么焦虑地想要赶超的情绪到底是什么？当时我们有一种焦虑，有一种冲劲。我在初中时就有一个梦想，幻想着在中国塔克拉玛干沙漠里突然发现一个巨大的金矿，然后我们的“四化”很快就能实现了，我还建议把建设“四化”的主力放到勘探项目上，找到巨大的钻石矿、金矿，这样我们的问题就解决了。我估计很多人现在还会这样想，如果我们一下子像中东一样挖出巨大的油田，当然，我国现在已经是世界第二强国，那我们一下就能甩开美国。之所以有这样的想法，是因为过去40年，我们跌入了货币的迷雾陷阱中，认为黄金就是货币，而货币代表着一种财富。其实，货币不是财富，而是规则和秩序。

请问大家，“这个世界上只有我有黄金”和“这个世界上只有我没有黄金”，你更愿意选择哪一个场景？

**观众：**后一个，因为前一个没法交换，这没有任何意义。

**周洛华：**祝贺你，你的答案是正确的。但为什么“世界上只有我有黄金”反而是噩梦呢？这意味着我要先把金本位建立起来，才能使手里的黄金变得有价值。我能单枪匹马地用这些黄金建立金本位吗？简直是痴人说梦。金本位是怎么建立起来的？有人说牛顿建立了金本位制度，就是那位英国科学家。我认为，大英帝国最强的武器就是宣传机器和舆论控制。牛顿和金本位一点关系都没有，金本位本来的意思是“黄金铸币标准”，牛顿曾经担任过英国皇家铸币局的局长，因为他是物理学家，铸币是个物理活，他觉得铸币的规则不统一，白银和黄金都可以铸币，含量和格式也不一样。物理学家讲究标准要单一，力学标准就用牛顿，热学标准就用焦耳，质量标准就用千克，牛顿说我们要有一个铸币标准，就是说铸币标准要统一，牛顿就定了这么一个标准，然后英国人宣称牛顿这个天才物理学家为大英帝国发明了金本位制度。

货币并不是财富，从来就不是，它是一整套制度，我有一个断言：“货币是道德的补丁”，这是我找到的最接近货币本质的表述，如果用一句话来概括，只能是这么一句话，货币到底是什么？实际上是说不清楚的，也就是没有办法用语言说清楚。发行一种货币就是推行一种道德。商学院的老师可能讲过，营销一件产品的难度远不如营销一个品牌，营销品牌永远比营销产品更重要。然后，老师又会讲，营销品牌不如营销一套标准；有什么比营销标准更难的吗？那就是营销一种货币，如果货币都是你发行的，你还需要什么标准、品牌、产品？不需要了。

你接受了央行发行的货币，这意味着你接受了记分牌上的分数，也就意味着你接受了国际篮球协会的比赛规则，愿意一起参加这个游戏，并且你相信我们大家都会遵循并捍卫这套规则。货币发行的机制是什么？管记分牌的人要自己遵守篮球比赛规则，否则记分牌就失去了“表达胜负、激励队员、愉悦观众”的意义了。

如果一个人去参加篮球比赛，发现控制比赛的人既不是教练也不是裁判，而是专门翻记分牌的人，他不停地翻记分牌，比赛不按规则计分，而是改由记分员来决定哪个队领先了、哪个队赢了。这就相当于中央银行用印钞票的办法决定这个社会上某一时期某一群人社会地位的高低，这时候要给这个人补贴，那时候要给那个人补贴，要抑制一下这个人。如果记分牌在不受控制的人手里，你还愿意玩这个游戏吗？所以，货币发行的机制是什么？管记分牌的人要自己遵守这个规则，否则就没有货币存在的意义了，等于自掘坟墓。

黑鸢鸟（Black Kite），大家可能知道它，但如果不熟悉，有一期《国家地理杂志》是以它为封面的，可以去了解一下。但他们讲的故事和我讲的故事完全相反，我看了《国家地理杂志》，讲的是关于环保，关于人类乱用塑料袋的事情。黑鸢鸟是一种等级森严的鸟类，只有等级最高的、有权出去交配的那些鸟才能用绿白条子的塑料袋做窝，其他黑鸢鸟则不允许使用，如果没有达到这个等级，用那种袋子会被啄死掉的。这里的塑料袋其实就是记分牌，这个故事也符合我们讲的逻辑，为什么黑鸢鸟使用绿白条子的塑料袋做窝，并且这个窝代表了一定等级？绝大多数情况下，绿白条子的塑料袋通常出现在英格兰波士顿地区快餐车出没的地方附近的垃圾桶，叼出这样的绿白塑料袋做窝意味着什么？黑鸢鸟是视力非常好、速度非常好、善于捕食、从高空盘旋下来捕食的鸟类，从垃圾筒里叼出塑料袋意味着什么？意味着无数次成功躲过浣熊和野猫的伏击，所以一定比其他黑鸢鸟更加敏捷。因此，只要和它交配就能生出更健康的下一代。有没有这个塑料袋重要吗？不重要，塑料袋只是一个记分牌，告诉其他雌鸟：有这个塑料袋的家伙拥有更加敏捷的基因。所以绿白相间的塑料袋就是它们的记分牌，也就是黑鸢鸟的货币，它们有自己的一套游戏规则，有自己的诉求，可以在大自然中寻找更多的交配机会，生下更多的后代，这和人类是一模一样的，只不过我们用的是纸币，它们用的是塑料袋。

在北京、上海，如果有一位男士往桌子上扔一大堆房产证，你还有什么话说吗？没有了。在已经建立了金本位的情况下，他扔出一堆黄金，还有什么话说，他拥有一堆房产证意味着什么？黑鸢鸟拥有塑料袋就说明了它的敏捷，在中国当前这个历史阶段，一位男士扔出一堆房产证说明了什么？第一，他非常幸运，他们家是动迁户，上帝已经选择了他；第二，在此时的中国，特别需要他这种优秀的品格——勇敢，无论媒体怎么报道房价，他就是能顶住压力，这说明他特别勇敢。

不要从政治学上理解我这段话，要从生物学上理解，在寒武纪就得靠技能生存。不同的环境下，对人的品格要求是不一样的。

还有一种人，他只买了一套房子，但敢于签下这套房的首付，这说明他肯定是一个加班狂，特别勤恳，签下巨额按揭合同以后，他就只会更加玩命地加班，不敢跳槽，坚韧不拔，这样的品质也可以筛选下来。这三种人具备了特别幸运、特别勇敢和特别坚韧不拔的品格，实际上是我们这个社会最需要的三种人。他们通过房产证这张记分牌，获得了较高的社会地位，这就是货币。

我做过“田野调查”，问过很多人，“你真的是喜欢钱，还是喜欢钱带给你的社会地位？”同样的问题答案都是一样的：我现在给你2000万元，你的高兴不会持续一分钟。一分钟以后你就开始焦虑了，如何投资？因为你很担心由中国人民银行发行的这2000万元存款烂在你手里，其实你真正关心的还是自己刚刚被提高的相对社会地位又跌落下去。资产价格的变动并不是随机漫步的过程，它体现的是人与人之间关系和地位的变动。

关于货币，有没有一种最优的货币政策能够帮助你优化、调节、管理、控制资产价格？答案是否定的，资产价格变动要通过一系列的政治政策、社会政策、革命行动，或者科技革命的办法，来调整人与人之间的关系，并不仅仅是用央行货币政策来调节人与人之间的关系。

金融专业在我看来就是电影学院的一部分，他们都是表演系毕业的，其中表演得最好的一个人是艾伦·格林斯潘，每次听他讲话一开始觉得很有条理，但仔细听会发现什么内容都没说。有一次，一位有数量金融学背景的女记者终于忍不住说“我听懂了您的话”，格林斯潘说：“你认为你听懂了我的话，这恰恰说明你已经误解了我的话”，这真是一句话大实话。

我不是足球球迷，我周围有很多球迷，我发现他们生活得很痛苦。北大心理学系曾经做过一个人类学的田野调查实验，研究者派第一组化好妆的学生到菜市场买菜，每次掏出来的都是崭新的纸币，买到的东西回来以后用公平秤再称一下，发现绝大多数都是足斤足两，甚至还超过一些。第二组学生用的是毛票，就是马上要烂在手里的纸币，但也是真钞。所有实验重复下来，他们发现，只要使用毛票，小商贩都会给你自动地缺斤短两，这意味着什么？当你发现自己手里的钱变毛的时候，人的生物本能会让你做什么？欺骗、背叛，也就是意味着当中央银行决定启动通货膨胀的时候，这个国家人与人之间的不信任感增强了，猜疑感增强了，相互背叛增多了，这个国家不再是拧成一股绳的力量，它破坏了这个国家的团结，而整个进化史告诉我们一件事情——“雄性灵长类动物学会结盟是整个进化史的关键”，这句话是哈佛大学的爱德华·威尔逊说的，通货膨胀破坏了人与人之间尤其是男性之间的信任和团结，通货膨胀真的很可怕。

改革开放以前，中国男子足球队的实力还是不错的，1962 年，也就是“三年困难时期”刚刚过去，全国都是勉强吃饱饭的时候，我们 6∶0 战胜了叙利亚队。而 2019 年的世界杯预选赛，叙利亚这个国家已经被打得千疮百孔，和我们的综合国力是没有办法相比的，结果他们战胜了中国足球队。整个改革开放 40 年，中国国家队打进世界杯决赛的只有一次，即 2002 年的世界杯，归功于 2001 年的预选赛。1998—2002 年，整整三年，中国因为东南亚金融危机导致了三年连续通货紧缩，这是改革开放 40 年历史上少见的，只有这一次，在通货紧缩的时候打入了世界杯决赛。

近代中国很长一段时间，我们被认为是“东亚病夫”“懦弱”“一盘散沙”。怎么会这样呢？讲一下当时中国的货币环境就知道了，在那样的货币环境下，这个国家就一定是“一盘散沙”，男性和男性之间一定是相互不信任、相互背叛、相互猜疑，绝对不可能拧成一股绳的。新中国成立后，将全国贫富差距全部消除，甚至能够把美国打得一塌糊涂。消除贫富差距之后，中国一下就变成战斗力很强的国家。这是人类学，不是金融学。

1949年以前的中国，国家处于无序的状态。1949年以前的中国是帝王将相的“家”，从来就不是人民的“国”。

## 二、金本位和银本位的迷雾

我们说金本位和银本位都是本末倒置的迷雾，并不是说强国实行了金本位，而是实行金本位的国家都变成了强国。金本位只是一项承诺，它的承诺是，当你不信任我们国家的金本位制度的时候，可以随时拿我们发行的纸币到指定的银行窗口去要求兑换成实物黄金，其结果是所有实行金本位的国家都是发行纸币的，而且它的纸币发行量远远大于它的黄金储备量。尤其是英国，一战之前，英镑的纸币发行量是英格兰银行实际黄金储备量的5倍，可想而知当时的英格兰银行发行了多少货币。但为什么没有导致通货膨胀？人民为什么还相信英格兰银行，愿意使用它发行的货币呢？因为英国的市场能够约束政府，有一个强大的制度保证，就像一个篮球场上，存在保卫篮球规则的机制，记分员如果乱翻记分牌的话，教练、队员、裁判和观众会一起制止他。民众愿意放心地持有中央银行发行的纸币，是因为人民相信中央银行受到了约束，相信被约束的央行和政府不敢乱来，如果他们不履行兑付黄金的承诺，整个英国的货币体系就垮掉了。如果整个货币体系垮掉了，政府没有资金，既收不了税也发不了债，政府就无法运转，相当于篮球观众“用脚投票”，我们永远不看篮球了，你印刷的门票我们再也不买了，国际篮协从此就垮掉了，篮球这项运动也就完蛋了。

政府接受市场的约束是发行纸币的前提条件，日本在甲午海战之前就已经实行了金本位。日本1888年就通过了《日本中央银行法》。中国是1995年通过了《中国人民银行法》并开始实行，这是中国历史上一个巨大的进步。加入世界贸易组织后，我们又在2003年修订了一次银行法。

中国从来就没有实现过金本位，中国历史上只有过银两制。银本位的意思和金本位是一样的，是央行发行纸币而不是铸造金币和银币，只不过就是说当你不相信我发行纸币的时候，可以随时随地拿着纸币到窗口要求兑现成实物白银，我保证照付不议。中国历史上从来没有这样过，没有人有能力约束封建王朝，它不受市场约束，直接掠夺老百姓的财富就可以了，它也不需要发行国债，因为封建王朝根本不想负债，它不想操心怎么还债。

有学者说，清王朝没有发国债，如果当年像日本一样发国债，很早就启动基础设施建设，国家应该很强盛，这是不可能的。老百姓怎么敢买清政府发的国债？没有人敢买的，因为对封建王朝来说，用杀头的办法比发债的方法更容易掠夺老百姓的财富。整个国家的老百姓就是生活在这种状态下的，中国几乎没有实行过银本位，明清和民国时期实行的是实物银两制。

1934年美国宣布实行的《白银法案》是一个的转折点，标志着中国短暂的仅仅实行了2年的银本位制的终结。美国大萧条时期，生产白银的州在华盛顿努力游说，提出希望美联储以一个固定的、远远高于市场的价格无限量购买白银，购买白银的结果是发行美元纸币，实际上是希望回到金银复本位中去，罗斯福迫于压力也同意了。在著名经济学家米尔顿·弗里德曼看来，中国国民政府之所以垮台是因为美国的《白银法案》，当然他相对比较极端，我个人认为外因还是要通过内因才能起作用，内因是主要的。

美国开始用印制美元的办法来换取白银的结果是，中国的银圆大量流失到海外，这就意味着中国的老百姓越来越不相信国民政府能够坚守兑付白银的那个承诺了。中国的白银外流很严重，老百姓对国民党发行纸币的信心一下就动摇了。当时的中国和美国之间是真正的货币战争。后来宋子文就下令法币改革，他的意思其实就是说今后我们不接受国际男子篮球协会的约束了，想怎么印钞票就怎么印。如果法币继续和白银挂钩，当时的国民政府怎么能竞争得过美国呢？抗战时期，英国和美国这两个国家给国民政府的法币提供了担保，使得法币又撑过几年。

到 1945 年抗战胜利了，英国和美国不担保了，国民政府就开始放开印钞票，大量印钞票是很可怕的。毛主席和老一辈无产阶级革命家，他们做的最伟大的事情不只是推翻了蒋家王朝，而且在战胜国民党政权之后，成功地恢复了经济秩序，并且第一次成功地在中国发行纸币。宋朝的纸币其实是铜钱的 ETF 凭证，元朝可以说是毁在了纸币上，明朝、清朝不发行纸币。国民党政权在银本位制度下，仅仅是正儿八经地发行两年纸币，就无法支撑下去了，靠着英国和美国的背书才扛住了抗战，抗战胜利以后，国民党又开始乱印钞票。中国共产党领导中国人民建立新中国以后，我们建立了新秩序，整个 70 年我们的货币发行体系运转良好。

按照货币史学家的看法，出现 1945—1949 年那样极端恶性的通货膨胀，意味着国民党政权迟早要垮台的。所以，新中国成立以后，关键是建立新的人民政权之后怎么样才能恢复秩序，才能治理恶性通货膨胀。在我心里，有两句话：一是“中国共产党挽救了中华民族”；二是“这是人类货币史上治理恶性通胀最成功的实践”。这两句话是对新中国货币 70 年最准确的描述。

中国共产党领导的新政权恢复了秩序，重建了道德，发行了货币。我们不仅在军事上战胜了国民党军队，更是彻底改造了中国。一夜之间整个国家消除了贫富差距。

不是说发行纸币的前提条件是要市场约束政府吗？金本位、银本位、纸币本位，都说市场能约束政府，当政府不接受市场约束的时候，就像篮球比赛我们集体“用脚投票”，反对全国男子篮球协会，我们不玩这个游戏了，就会彻底垮台。因此，美国、英国都要建立代议制，人民通过代议制来参加约束政府的制度，实际上就是市场在约束政府。

新中国则真正实现了让“人民当家作主”，这样做的结果就是，人们可以放心地持有央行发行的纸币，整个国家是人民的，这是人民当家作主的国家，再也没有人能够通过印钞票的方式来掠夺人民了。

国民党从大陆带走了黄金储备、白银储备，如果没带走那些黄金储备，我们能实行金本位吗？不行的。正因为他们带走了一切黄金储备，我们反而有机会能彻底改造这个社会，从经济上解放了人民。讲到新中国货币史，必须要讲陈云同志的贡献。新中国刚刚成立的时候，纸币对于老百姓来说还是很可怕的事情，这种情况下政府怎么获得老百姓的信任呢？1950年，在陈云同志的主持下，中央人民政府成功地发行了共和国第一期公债——“人民胜利折实公债”。用我们今天的话来说，就是可以回购的实物ETF。今天的证监会、人民银行和银保监会对于金融产品创新是很慎重的，而陈云同志1950年就已经做过，不仅解决了新中国的财政困难，还树立了政府的信誉。

我们建立新中国不仅仅是军事上的胜利，建立了新的政权也不仅是政治上的事情，还是金融上的事情，政治与金融是完全联系在一起的。

## 三、改革开放的几大举措

改革开放后有几大举措非常重要。首先是商业银行和央行的分离，以前就只有人民银行，改革开放之后才建立了工、农、中、建四大行，才有了其他的股份制商业银行，到再后来的城市商业银行。其次是财政和央行的分离，再也不能用印钞票的办法去填补政府的财政赤字了。

1995年的时候曾经有学者预计，到2003年时，人民币差不多能够实现自由浮动和自由兑换，到了2003年，我们当然没有实现这个目标。于是，很多学者又作了一个预测，说是到2013年我们能实现人民币的自由浮动和自由兑换。当然，到了2013年，我们还是没有实现，但这一次，我们不再提人民币自由浮动和自由兑换的时间表和路线图了。如果人民币实现了自由兑换、自由浮动、自由汇兑，当你不相信人民币的购买力的时候可以合法地在公开市场上换成美元，甚至还可以把美元汇到国外去。这就意味着你可以约束央行。

此外，我们还推出了房地产的“限购”政策，副作用其实是“限售”。如果你手里有很多房子，其实是很难抛掉的，至少是无法高价抛掉的，你要打个六七折左右才能立即获得流动性。你手里有房子，但当你不相信央行发行的纸币时，你能顺利撤走资金吗？很难。绝大多数人的财富是用房子表示的。首先，你的房子不容易抛掉，其次，你也很难换成美元，如果你找“黄牛”，在这个过程当中，会冒法律风险。当你好不容易找了很多“黄牛”换成美元后，能带出国外吗？带不出去，想要带出去会冒更大的法律风险。这些措施避免了市场约束央行，使得央行有了更大的自由度，方便央行去实现各种政策和目标，解决各种问题，其中包括四大行和地方债的问题。《中国人民银行法》规定了中国人民银行不能持有地方债甚至国债。另外，国家开发银行也被形象地称为第二央行，国开行发行了很多债券，帮助地方政府建了很多基础设施。曾一度说要把国开行改造成商业银行，改造成商业银行的目的是什么？可能是想让《商业银行法》来约束国开行，现在当然已经不提这个事情了。最后，当我们有了巨额不良贷款时，四大行剥离出来的贷款就变成了四大资产管理公司，四大资产管理公司均是用100亿元左右注册资本注册成立的，然后再用发债的办法去承接四大商业银行定向剥离的不良贷款。在这个过程当中我们使用了一种工具——“央行再贷款”。有人说这就是印钞票，当然，也有人说我们没有用印钞票的办法解决问题。

我认为印纸币或者铸银币都不是关键，关键是人民相信政府，物价涨跌和货币数量其实没有必然联系。大家不要被“印钞票”三个字所迷惑、所激怒。请把你们的想象拉回到记分牌上，请你想象一场排球比赛，中国女排与巴西女排前四局打成2∶2，最后一球巴西队已经扣下，眼看着中国败局已无法挽回，冠军马上就是巴西队的了，球离这个地面只差一厘米的距离。就在这千钧一发之际，郎平突然扑上去，她不是扑向这个球，而是扑向这个记分牌，她打破了原有的排球比赛规则，死死地摁住了记分牌，然后她跟全体观众说：“对不起，同志们，我请大家再给我们30分钟时间，我们中国女排一定能打败巴西队取得胜利。”如果30分钟之内她们没有赢回冠军，你不仅要带着失败的情绪离开，还要被迫再买一遍门票作为对巴西队的额外补偿，你愿意吗？当然，如果30分钟之后她们赢了，你会和中国女排的姑娘们一起带着胜利的喜悦离开，但你也不会得到额外的钱。此刻，郎平摁住了记分牌，不允许这个牌子翻下去，不允许比赛结束，她打破规则延长了比赛时间，你会同意吗？我是会同意的，估计你们也会同意的，因为我们都渴望胜利，我们都觉得郎平是一个可以信赖的人，她和你我有共同的价值观，她是一个可靠的人，而且她过去一连串的胜利，使我们有理由相信，再给她30分钟的时间，她能带领中国女排战胜巴西队拿到冠军，所以我们替她扛30分钟时间，承担了再买一遍门票的风险。

因此，央行“印钞票”是表面现象，核心是“印时间”，只不过它印时间的代价是由你来支付的，央行通过稀释你存款的购买力的方法，从你手里借走了时间（如果你手里财富的主要表现形式是房产的话，则不被稀释）。关键是它借走时间干什么去了？如果是推进国企改革、推进金融机构改革、加强地方政府财税制度改革、建立更完善的金融市场秩序，你放心吗？当然放心！这就相当于观众借30分钟时间给郎平去战胜巴西队，罗马公民借6个月时间给恺撒去远征高卢。如果央行印了钞票，问你借了时间以后，“所托非人”，用于一些很低效的项目，甚至是为了拖延关键领域的改革，那就相当于中国足协问你借了时间，然后交给“周洛华”去领导男子足球队，即便你借给我30年，我也没法给中国男子足球队的球迷一个不同的未来。

因此，保持中国货币体系的稳定只有一条路：下决心全面推进改革开放，激发市场活力，提高各个领域的效率，对制约生产力发展的掣肘决不迁延，对妨碍人民生活水平改善的障碍决不将就，对阻挠综合国力提高的做法决不姑息。最后，我用两句话来总结新中国货币70年：

（1）回望过去，是中国共产党挽救了中华民族。

（2）展望未来，改革的时间是人民借给我们的。

（本文由周洛华副院长于2019年10月25日在人大重阳“新中国70周年”主题系列讲座中的演讲整理而成。）

# 中国银行业 70 年

庄毓敏*

从国际经验来看，各国银行业的发展模式都是不同的，且与各国的经济、政治体制有着密切的联系。中国银行业 70 年的发展历程是一个非常特殊的故事，对思考全球银行业的发展具有重要意义。

**图 1　庄毓敏教授在人在重阳“新中国 70 周年”主题系列讲座中作演讲**

* 庄毓敏，中国人民大学财政金融学院院长，人大重阳金融研究院执行理事兼院长。

## 一、中国银行业70年：历史沿革

### （一）中国银行业体系建立的宏观背景

1948年12月中国人民银行的成立，标志着我国统一的国家银行体系的建立，随后中国人民政府还对旧银行进行了改造，农村金融体系也是在这个时候开始建立的。

从1953年起，中国开始逐步建立计划经济体制。银行业的发展和经济体制密切相关。计划经济体制也决定了银行体系一定是“大一统”的。在此背景下，中国人民银行具有两重职能，既是国家机关，同时也管理银行业务。

中国银行业体系在1966年“文化大革命”期间发生了一些变化，“大一统”的银行体系有所削弱，如1959年恢复建设银行、农业银行。但是，到1965年农业银行再次被撤销，1966年“文化大革命”期间中国银行业体系再次回到“大一统”状态，这背后都是一些体制性的变化。

1969年，中国人民银行并入财政部，行使了部分财政功能，实际上成为财政的会计和出纳机构，不再是独立的中央银行。直到1978年改革开放开始，中国人民银行才从财政部独立出来。

1979年是一个非常重要的转折。邓小平同志两次提及银行改革的问题，特别提出要“把银行真正办成银行”，要清楚把握银行的功能定位。

### （二）中国银行业发展的主要阶段

按照主要阶段划分，可以将中国银行业的发展划分为四个阶段。改革开放初期，当时中国的银行还不叫商业银行，都叫作专业银行；1994年以后实行商业化改革后才叫作商业银行；2003—2008年是股份制改革速度最快的时候；2009年以后又是一个新阶段的开始。

### 1. 1979—1993 年：现代银行业的开端与初步探索

改革开放以来，四大专业银行逐步建立，这四家银行就是我们熟悉的工、农、中、建。中国银行当时定位于国际金融业务，从当前我国银行业国际化角度来看，中国银行的海外布局机构最多，这与其历史定位有关。建设银行当时为了实现拨改贷，从财政部分离出来成为一家银行，它天生就带有一个特殊功能——支持国家基础设施建设。工商银行则是对应工商企业的服务，但今天这种分工已经没有那么清晰了。

在中国人民银行独立出来之后，我国形成了以中国人民银行为领导、四大专业银行配套为主的二元银行体系，这是一个非常重要的变化。从本质上说，四大专业银行本身还带有很多行政职能或政策性职能，要服从于国家宏观调控，同时还要承担金融宏观调控的任务，并支持我国重要战略目标的实现。

此外，该阶段还产生了一批股份制商业银行，当时有“12 家股份制银行”。这些股份制银行成立的时间分布在 1986—1996 年，成立地点集中于北上深三地，还有一些成立于福州、广州和海口，所以金融机构在地点的选择上具有高度的集中性。在股份制银行产生之后，外资银行也开始大规模进入中国，从沿海地区逐步深入内地。后来，邮政储蓄银行、城商行纷纷建立，形成了我国银行体系的多元化格局。

### 2. 1994—2002 年：商业银行法的确立与风险化解

1995 年，《商业银行法》颁布，这是我国商业银行体系建立过程中非常重要的一部法律。《商业银行法》在实施 20 多年后，目前已经不适应我国当前的金融业，特别是银行业的发展需要和未来趋势。在《商业银行法》中规定了我国商业银行发展的基本基调是“分业经营”，这一点具有很大的局限性。这部法律出台后，整个银行体系迈向市场化的进程不断加快。1998 年，中国人民银行取消了对国有商业银行贷款限额的控制，这一重要举措给商业银行的竞争奠定了基础。此外，在改革治理结构等方面，国家也颁布了相关的指导意见。2001 年，中国人民银行正式发布《贷款风险分类指导原则》，并于 2002 年 1 月 1 日实施，这也标志着我国银行业进入了初级风险管理阶段。

后来，补充资本金成为非常现实的问题。巴塞尔协议是 20 世纪 80 年代末开始实施的，当时中国还没有进行商业化改革，所以还没有实施巴塞尔协议。到 90 年代中期，我国刚要实施商业化改革的时候立刻面临问题，即监管指标要与国际接轨。巴塞尔协议规定 8% 的资本充足率是商业银行的最低资本要求，但中国当时的四大银行中，除中国银行刚刚达标外，其他银行都没有满足最低资本监管要求。所以，我们必须解决资本金的补充问题。举措之一就是在 1998 年，财政部定向发行了 2700 亿元特别国债，专门用于补充四大国有商业银行的资本金。但这项操作并没有从根本上解决商业银行长期资本补充的问题，只是短暂地解决了问题。当资产进一步扩张时，资本充足率立刻就不达标了。

1994 年，我国组建了三家政策性银行：国家开发银行、中国农业发展银行、中国进出口银行，由此我国形成了商业性银行和政策性银行并行的多种类商业银行体系，它们各自有自己的目标，政策性银行追求政策性目标，商业银行追求市场目标。

在新中国成立初期，我国就已经有了农村金融体系的基础。90 年代中期，国务院又出台了一些关于农村金融发展的规定，特别是农信社与农业银行脱离行政隶属关系，农信社的发展开始进入监管层的目标中。同时，城市信用社制度也有了进一步发展，部分省份通过改革组建了省一级的城市商业银行，如北京银行就是由北京城市信用社组建而成。

此外，在我国加入 WTO 之后，我国银行业逐步开放，早期主要集中在沿海地区，后来逐渐向内地延伸。1994—2002 年，外资银行资产总额增长了 104.55%，但总体资产规模仍然较小。

### 3. 2003—2008年：银行业改革与行业结构优化

对国有商业银行来说，完成商业银行转型要解决以下几大问题。一是改善资产结构。2002年，我国四大国有银行不良资产总量达到2万亿元，不良率达到26.12%，远高于发达国家水平。对此，我国成立了四家资产管理公司来处置四家国有银行的不良资产。当时，信达、华融、东方、长城四家资产管理公司共收购不良债权总额1.4万亿元，现金回收率平均接近20%，资产回收率在28%左右。二是政府注资。1998年，财政部进行过一次注资，但不能彻底解决问题。2003年，中央汇金开始向商业银行注资人民币以解决资本金问题，这种注资行为的效果都是短期的，长期还是要引入战略投资者。解决了资本金补充问题之后，四大国有商业银行纷纷走向资本市场，最后上市的是农行，于2010年上市。

到2008年，股份制改造之后的短短五六年间，我国银行业发生了质的变化。工行、建行、中行的市值已经居当时世界银行业市值排名的前三位，实现了历史性飞跃，这也是中国人智慧的体现。从2008年国有商业银行的经营情况来看，银行的经营绩效、资产质量、审慎经营都发生了本质的变化，资产质量大幅改善，不良率从26%已经下降到3%以下，资本充足率也得到了根本性的提升。

邮政储蓄机构的改革与发展。邮储银行目前已经成为我国的大型银行之一。2006年，经国务院同意，银监会正式批准邮政储蓄银行开业，截至2008年年底，36家一级分行、312家二级分行和19564家支行全部核准开业，中国又多了一家航母级的银行。

在股份制银行的发展过程中，部分城商行值得关注，如浙商银行、渤海银行等，到今天仍然经营十分稳健。12家股份制银行对我国银行业体系起到了重要的补充作用。

政策性银行业有了进一步的发展。国开行主要定位于开发性金融，其主要责任是承担国家基础设施投资，国开行为我国基础设施建设做出了巨大贡献，包括今天的“一带一路”“走出去”等，国开行在其中发挥了重要的作用。另外，两大政策性银行中，进出口银行主要服务于对外贸易，农业发展银行主要是对我国农村农业的发展起到了非常重要的作用，其贷款对象主要是农村农业。

伴随着农村金融机构改革的进一步深化，村镇银行出现了。2007 年，村镇银行试点工作扩大到全国 31 个省份，推动了农村金融体系的建设，也为农村经济的发展奠定了基础。此外，城商行中也有几家非常成功，如南京银行、宁波银行、北京银行（2007 年成功上市）等。这些城商行的成功对于我国城市一级商业银行建设具有里程碑意义，同时也解决了区域金融的发展问题。

**4. 2009—2019 年：中国银行业转型与创新之路**

以农行上市为标志，我国所有大型银行都完成了上市任务，各层次的银行体系也逐渐发展起来。一个必然的结果是银行业竞争度的改变或者市场结构的变化。随着市场结构的变化趋势，大型银行的市场份额开始快速下降，到 2018 年为止，仅占据 37% 的市场份额，下降速度很快。

各类银行都有自己的定位。股份制银行一般将“特色化、差异化”作为发展目标。城商行立足本地，服务于本地、服务于小微，同时形成特色与大银行进行错位竞争。从理念上讲，不鼓励银行同质化竞争，各银行都应该有自己特殊的目标定位，进行差异化竞争。农村金融机构希望服务于农村基层。2017 年年初，村镇银行已覆盖全国 31 个省份的 1213 个县市，县市覆盖率达到 67%，辽宁、湖北等 11 个省份已实现全覆盖，解决了我国村镇一级经济发展的需要。

民营银行的设立也值得关注。2014 年，银监会公布的首批 5 家民营银行试点，包括天津金城银行、浙江网商银行、深圳微众、上海华瑞和温州民商银行。截至目前，我国共有 17 家民营银行批筹开业。总体来看，民营银行发展良好。数据显示，我国民营银行资产增长很快，不良率较低，仅为0.53%，拨备覆盖率达到697.58%，为“三农”和小微企业服务做出了贡献，但同时也存在比较大的困境。

在新的发展阶段，未来商业银行的发展趋势逐渐清晰——综合化、国际化。近10年来，我国银行业“走出去”的步伐在加快。“引进来”很早就已引入，“走出去”是在“引进来”之后，两者不是同步的。截至2017年年底，我国共有23家中资银行在65个国家或地区设立一级分支机构238家。这些海外机构的设立，看上去数量较多，但大型商业银行境外资产占比还是非常低，与大型的跨国银行相比还有很大差距。所以，“走出去”刚刚起步，目标远未实现。

商业银行的经营格局发生悄然变化。经营格局的变化是逐渐走向混业经营。《商业银行法》的颁布，奠定了我国银行业分业经营的制度基础，但在商业银行开展竞争和商业化经营的过程中，特别是外资银行进来之后，分业经营逐渐成为商业银行发展的制度性障碍。因此，银行也在探索用什么样的方式来解决分业经营的不足，由此就产生了一些混业经营的创新案例。银行旗下的非银行金融子公司业务得到了扩展。我们分别选择工商银行、招商银行、北京银行作为大型商业银行、股份制银行、城商行的代表举例，它们的业务都是向外拓展的，朝着投资银行业、证券业、基金业、保险业等金融业其他领域拓展。这是未来的一个发展趋势，但是法律层面还没有解决这个问题，在法律上我们还是实行分业经营、分业监管。

在这10年的发展中，银行业面临的一个非常大的冲击和挑战就是互联网金融。互联网金融兴起之后，我国产生了阿里、腾讯、百度、京东等几大巨头，它们利用互联网平台开展了许多能够取代商业银行的业务，最典型的是我们非常熟悉的第三方支付，现在也在慢慢向其他领域拓展，这对商业银行形成了非常大的挑战。银行的应对策略主要包括金融科技的研发、与互联网科技巨头开展合作等。

### 5. 小结：中国银行业70年发展变化的逻辑

我国银行业70年的发展逻辑，概括起来主要是从“大一统”变成“二元化银行体系”，并随着股份制银行的建立和外资银行的进入，逐渐形成了多层次的银行架构。近10年来，我国主要形成了以中国人民银行为中央银行，包括大型商业银行、股份制银行、政策性银行、城市商业银行、农村金融机构、民营机构等20余种银行业金融机构类型的“多层次、广覆盖”的银行体系。

这种银行体系对我国实体经济的发展做出了巨大的贡献。我国商业银行无论是在“大一统”时代还是在改革开放时代，银行的目标从来都是服务实体经济，包括近年来我国化解重大金融风险的目的，还是要让金融业、银行业回归本源，更好地服务实体经济，这是最重要的原则。在这一原则下，什么样的银行模式是适合中国的模式？中国也进行了很多有中国特色的探索。

第一，国有银行的改革是重中之重，取得了很大的成功。上市仅仅5年后，我们的银行各方面都具有和国际大行竞争的实力了。

第二，加入WTO、外资银行进入中国，对中国来说是好事还是坏事？从今天来看，开放是我国银行业能够取得今天这些成就的重要原因之一。开放使得中国银行业在国际舞台上学习到了商业银行的经营理念，也逐渐具备了话语权，包括巴塞尔协议Ⅲ的出台，中国的监管部门在其中都有非常重要的话语权。如果不开放，今天我们在国际舞台上就没有地位。此外，开放也给我们带来了新的理念和人才等，对我国商业银行的发展起到了重要的促进作用。

第三，创新是银行业发展的生命线，没有创新就没有发展。创新围绕的主体是非常关键的。如果创新围绕着泡沫，它就会远离实体经济，但我国银行业的创新主要是围绕着服务实体经济展开的，所以它才能够提升实体经济的发展能力。

第四，我国银行业监管也在不断地接受国际监管标准，这也使我国商业银行的风险管理与内部控制能力得到了很大的提高。在巴塞尔协议Ⅲ标准的执行上，中国的标准都比巴塞尔协议要求的标准要高。

### （三）20 世纪 70 年代以来主要国家银行业发展状况

以美国为代表，1933 年美国出台的《格拉斯—斯蒂格尔法》奠定了美国商业银行分业经营的格局，同时美国还限制银行跨州设置分支机构，因此在这一时期，美国商业银行受到了很大的限制。20 世纪 60 年代以后，为了促进银行业的发展，美国各州纷纷解除了不准跨州设立分支机构的限制。同时伴随着经济和金融的全球化，商业银行开始逐渐走向混业经营，1999 年美国通过了《金融服务现代化法案》，从法律上肯定了混业经营的合法性。

美国银行业发展的另一个重要特征就是国际化。美国大型商业银行纷纷走出国门寻找价值洼地，最开始是在发达国家内部、经合组织成员，后来延伸到发展中国家，包括拉美和东欧转型国家，中国改革开放以后，它们也开始进入中国市场。所以，国际化成为美国大型商业银行发展的必经之路。

从英国来看也是一样，综合化和国际化经营是两条非常重要的主线。德国也类似，不过德国实现的路径主要是通过并购来展开的。日本也是在全球化过程中迅速拓展国际业务，并在 20 世纪 90 年代开展金融“大爆炸”改革，推行《金融控股公司解禁整备法》《银行控股公司创设特例法》等，实现了混业经营。

首先，从国际银行业的发展趋势比较来看，西方发达国家银行业发展的历程与我国银行业的发展有一些共性的东西，比如现代银行体系的建立，这一点各国都大同小异。其次，各国银行体系的建立，都是服务于本国经济社会发展的需要，发展方式可能各有不同，但目标是相同的。最后，国际化、综合化经营是国际大型跨国银行的必经之路。因此，如果中国的大型商业银行未来也采用这种经营模式，那么我们如何在起步晚的条件下占据一席之地，将是我们面临的一个问题和挑战。

从国际银行业的发展趋势来看，经济全球化和消费者需求多样化、多元化市场主体的竞合、金融科技的发展、金融监管的变化等都是主要的驱动因素。我国的商业银行也面临类似的趋势。首先是全球化，下一轮改革开放的重要核心因素就是金融业开放，在中美谈判中金融业开放也是重中之重，金融业开放之后也会带来一些新的挑战。其次是全球化的需求。我们需要考虑，当我们面对全球的消费者和全球金融消费者时，应该提供哪些服务。再次，银行业竞争会进一步加剧，目前银行业竞争度已经很高了，未来银行业是要进一步增加银行的数量，还是要提高银行质量，是我们必须要考虑清楚的问题。最后是科技的挑战，从历史来看，历次科技进步对金融业发展的影响都非常大，这次金融科技革命对金融业的发展有可能是颠覆式的，也可能是改变了银行业的生态。反过来讲，金融科技对银行提出了新的需求，银行对员工的需求也会发生变化，最终可能导致人才结构发生较大的变化。

## 二、中国银行业70年取得的成就：国内与国际视角

### （一）国内视角

#### 1. 中国银行业发展现状

（1）银行业经营规模迅速扩大，行业结构日益完善

我国银行业资产规模呈快速增长趋势，从改革开放初的1876.5亿元，到2018年达到268万亿元，仅仅40年时间规模增长了1000多倍。这40年里银行业发生了翻天覆地的变化。从资产增长率来看，近些年呈现出下降的趋势，由于基数太大，增速不可能维持以前的高增长了，这也是正常的。中国银行业存贷款规模保持稳定增长，贷款规模和存款规模差不多，

波动较大的时期主要是在“三年困难时期”。

从银行业结构来看，我国各种银行目前都很丰富。截至 2018 年年末，我国银行业金融机构的数量是 4588 家，机构网点达 22.1 万个网点，五大行有 6.8 万个网点，占比达到 31%。近年来，随着改革的推进，民间资本进入银行业逐渐增多，民营资本控股的银行业机构已超过 3000 家，民营银行数量有 17 家。大型商业银行占比不断下降，表明银行业竞争度在不断提高。从市场结构优化角度来看，竞争度越高，效率越高，同时伴随着服务改善、价格降低等。从银行业来看，全球银行业有一个特点，就是相对集中度的问题。在欧洲一些国家，排名前几位的大型银行占比较高，我国目前大型银行占比达到 37%，竞争度已经很高了。

（2）资本实力显著增强，资产质量明显提高

资本充足率水平显著提高，达标银行数量已达 100%。达标肯定没有问题，事实上，截至 2018 年年底，我国商业银行资本充足率达到了 14.2%，显著高于监管要求。近几年不良贷款率有所反弹，2018 年年底是 1.83%，从绝对量来看还是比较大的，这是因为资产总量大了，百分比很低，绝对额也是很大的。不良贷款的问题应该引起重视，尽管比率较低，但实际上风险不能说很低。

（3）盈利能力大幅提升，流动性持续保持良好

盈利能力大幅提升，但增速有所放缓。近年来，我国银行业净利润增速持续放缓，资本和资产的回报比率也有所下降，其中的原因有很多，比如资产问题、竞争问题等都会有一定的影响。同时，非利息收入占比显著增加，收入结构持续改善，这说明了商业银行资产结构的变化，从我国目前来看，商业银行中间业务占比相对较低，2018 年，我国银行业中间业务收入占利息收入比例为 22.1%，与国际大银行相比仍有较大的差距，这是有待改进的地方。流动性比例持续保持良好，这是我国商业银行的一个重要特征，说明比较稳定。

（4）对外开放持续深化，国际竞争力持续增强

“引进来”方面，外资银行在华发展逐渐扩展。截至2017年年末，外资银行机构达到400多家，但资产规模占比只有1.28%，最高的时候是2.38%，资产规模占比很低。“走出去”方面，中资银行也在探索国际化道路。截至2017年年底，共有23家中资银行在65个国家（地区）设立了238家一级机构，其中10家中资银行在26个“一带一路”沿线国家设立了68家一级机构，这也表明了未来中国银行业“走出去”国际化的主要布局方向。发达国家银行业已经“走出去”几十年了，在现有的市场结构中抢它们的“饭碗”，可能是比较困难的，要实现与发达国家的竞争，就需要开辟新的战场，这里的新战场就是“一带一路”。所以，近年来我国“一带一路”发展速度还是比较快的，主要方式包括基础设施贷款、发债、工程等。

根据英国《银行家》杂志的排名，2019年中国四大行位于全球前四名，排名格局在过去40年里发生了巨大的变化。1970年，全球前十大行中美国占了七家，差不多是美英两国分了。到今天，中国已经占了四家，市场规模也发生了质的改变。从这个意义上说，中国商业银行在规模发展上取得了惊人的成绩。

**2. 中国银行业助力实体经济**

（1）中国银行业在金融业中的主导地位

我国的银行业资产负债规模占金融业九成以上。我国是银行业主导的金融体系。与我国的金融体系相适应，商业银行在我国金融运行中也居于主导地位。从社会融资规模结构来看，信贷融资占据主导地位。特别是近年来，我们强调银行业回归和服务于实体经济，采用并表、“影子银行”治理等改革方式，所以在银行统计口径中人民币贷款的占比在回升。从直接融资和间接融资的角度来看，也就是看资本市场发展与银行的关系。2018年年底，金融机构贷款余额是136万亿元，债券融资占贷款融资的63%，而股票融资只占贷款的0.83%。可以看出，目前我国资本市场提供

融资的功能还是相当弱的。如果想要平衡两大融资结构，股票市场还有非常大的空间。

银行业在中国明显居于主导地位，但是银行业也面临“金融脱媒”的问题。如何解决“脱媒”的问题？第一，金融科技赋能，加大金融科技的投入，这也与银行未来的发展战略有关。第二，银行理财业务的发展，促进了银行业与资本市场的互动。

（2）银行业支持实体经济的现实路径

第一，信贷投放力度不减，持续支持实体经济发展。从数据来看，我国贷款余额稳定增长，目前增速较为平缓，这是维持我国实体经济增长的重要资金源泉。

第二，发展普惠金融，发展绿色信贷。从宏观上来讲，我国近年来不断倡导发展普惠金融，主要就是发展小微金融和农村金融服务。从企业层面看，就是中小企业融资或中小企业贷款。截至2018年年末，全国银行业金融机构覆盖率达96%，全国行政村基础金融服务覆盖率达97%，全国小微企业贷款余额达33.49万亿元，同比增长8.9%；涉农贷款增长较快，扶贫小额信贷等普惠金融全面开花。此外，我国近年来大力发展绿色信贷，推动经济可持续发展。我们履行承诺，发展了大量的绿色信贷，助力绿色发展、可持续发展，规模也很大。

第三，完善重点领域的金融服务，促进区域协调发展。从区域发展来看，我国的商业银行在某种意义上承担着我国经济发展和宏观调控的重要职责，只是方式和工具由原来的行政手段变成了市场化的方式，但并不代表这一职能的丧失。这里有非常多的例子，如基础设施建设缺少银行融资是无法实现的，包括高铁、三峡大坝等项目；还有公共设施，如“安居工程”，这是我国的一大创举，较大幅度地改善了居民的住宅条件，增速也很快。所以，银行在实现区域协调发展方面起到了很重要的作用，未来在粤港澳大湾区、雄安新区等建设中，银行也会起到十分重要的作用。

**图2　庄毓敏教授讲座现场**

## （二）国际视角

对标国际，中国银行业发展效果如何？总体来看，中国整体银行业都是非常稳健的。

从发展深度来看，银行业一直围绕实体经济在发展，商业银行的风险与实体经济的风险是密切联系的，实体机构越依赖于银行，实体经济的风险就越容易传导至商业银行。所以银行与实体经济关联度很高，有利也有弊，银行业无法回避实体经济风险。

从可得性看，有些学者指出我国银行体系有可能依赖金融科技的快速发展实现“弯道超车”，这个话说得有点大，能不能实现“弯道超车”、金融科技要发挥什么作用，必须要经过科学的论证才能得到答案。到目前为止，我个人还没有看出银行依赖金融科技实现“弯道超车”的迹象，金融科技的作用很大，这毫无疑问，但未来它对商业银行整体经营特别是风控会产生很大的影响，能否实现“弯道超车”不好讲，因为西方大型跨国商业银行也在做大量金融科技的投入，甚至做一些基础性的研究和开发。

从经营效率来看，我国银行业的发展效率确实在提高，盈利模式显著提高，但存在模式单一的问题，即仅仅依靠利息收入这种模式仍然是一个“短板”。

从稳定性来看，近年来我国银行业资产质量快速提升，资本实力得到极大增强，破产风险、流动性风险均处于稳健合理水平。

## 三、中国银行业 70 年展望：问题、挑战与对策

### （一）立足当下，中国银行业面临哪些问题？

第一，国内外经营环境复杂多变，银行业利润增速放缓。我们在分析国内形势的时候，第一句话一定是全球经济下行。特朗普挑起了中美贸易摩擦，而且在搞“逆全球化”。在这个过程中，整个世界经济格局也发生着变化，最后将冲击所有的国家，当然也包括美国，它也不是赢家。这种局面是否会发生改变？如果我们把“逆全球化”作为一个长期因素，我们应如何应对？这是一个考虑问题的角度。所以，全球经济的复杂化和不稳定性，会使中国经济面临很大的风险敞口。这是必然的，因为中国经济与世界经济高度关联，不可能独善其身。在这种情况下，风险暴露也许是很可能出现的事情，当然，风险暴露不等于爆发金融危机，这是两回事。

中央提出了“三大攻坚”，第一攻坚就是防范化解重大金融风险。在这里，我们必须分清楚哪些和中美贸易摩擦有关，哪些是经济转型中必然遇到的问题。我们提到的“三去一降一补”、“僵尸企业”出清等，这就是我们自己的问题。中美贸易摩擦大背景下矛盾只会加剧或暴露得更快。其次，金融风险的问题还与地方债务有关，有一些学者提出了债务滚动，即用新增债务来解决和偿还老债务，这种模式能不能持续？地方债务问题引起了从中央到地方的高度重视，2019 年以来也在严控地方债务增长，这也是我国投资增速 2019 年有所下滑的一个很重要的原因。未来如何解决地方债务问题？现在有一种呼声，即放松财政赤字，然后再来增长投资。我国

投资的潜力还是很大的，未来是否有所改变，等2020年开完“两会”就会定调了。此外，我们还提到有“去杠杆”的问题。“去杠杆”主要的对象原来是指国有企业，国有企业杠杆率目前已降到56%左右，取得了比较明显的成绩。但另一个杠杆——居民家庭杠杆率起来了，现在这个问题并没有引起充分重视，但在中国这个问题已经比较严重了，特别是在“80后”“90后”年轻群体中。问题的严重性体现在：居民杠杆率居高不下，并且还在持续增长过程中；2019年以来，支撑GDP增长的基础保障是消费，但消费增长率是下行的。我个人分析其主要原因是居民家庭杠杆率太高，所以我一再提议要关注居民家庭杠杆率的问题，这一风险的暴露同样会引发系统性风险。

第二，金融供给与需求存在结构性矛盾，银行业创新能力不足。有人认为在国有银行为主的体系下，银行没有创新动力，这是一种解释。虽然银行服务于实体经济，但如果让老百姓、企业就银行服务的满意度打分的话，应该不会特别高。特别是针对中小企业的金融服务，这两年呼声较高，“融资难”“融资贵”问题要解决是很复杂的，这个问题引起了中央的重视，2019年李克强总理在报告中也提出要解决这个问题。

第三，货币政策传导的问题。很多人在讲货币政策传导问题，但我个人考虑，如中长期贷款占比不像想象中那么高，好像银行不愿意给制造业贷款或融资，从数字看可能是政策传导不畅。但是，大家可以思考企业需求不足是什么问题，有可能是成本太高，也可能是营商环境不好，在分析清楚到底是哪个原因之后，才能有针对性地解决，而不能简单看作传导不畅的问题。

第四，银行业结构发展不平衡，部分银行存在发展难点。有些银行，这里最主要是指中小银行（如城商行、农商行）在经济下行中风险暴露度较高。未来这些银行在监管环境下（如巴塞尔协议Ⅲ的实施），如果叫作严监管可能不太合适，但确实有些监管规则在改变，比如逾期90天现在统一计入不良，银行不良率就会上升，影响较大的一定是小银行。银行如何应对这些风险，如何解决未来资本金补充和流动性的问题，都是我们需要考虑的问题。总体来说，流动性是银行运行的基础，只要宏观调控保住流动性，应该不会出现大的问题。

第五，互联网金融分流银行业务，银行业面临科技转型压力。

第六，公司治理机制尚不完善，银行业市场乱象时有发生。公司治理是我国银行业改革经常讨论的话题，不断完善公司治理也是常话常新的话题。

第七，商业银行资本管理面临挑战，资本补充方式亟待创新，尤其对于中小商业银行来说，资本补充压力是比较大的。

第八，与监管导向相适应，银行业风险管理能力有待提高。这主要是指中小商业银行的风险处置和化解，这也是大家都比较关注的问题。

### （二）金融深化改革背景下的银行业对外开放

#### 1. 全面深化金融业改革开放的背景

我国下一步改革的核心是金融业的开放，我们有三个原则：①国民待遇 + 负面清单。即将实施的《外商投资法》，其核心要义是外国投资者来中国投资的基本规定，实施的是准入前国民待遇 + 负面清单，管理方式是准入前实行国民待遇，负面清单解决的是一些国家禁止的问题，比如涉及国家安全的领域是不能进入的。②金融业对外开放将与汇率形成机制改革和资本项目可兑换进程相互配合，共同推进。③在开放的同时，还要重视防范金融风险，要使金融监管能力与金融开放度相匹配。所以，风险防控能力、监管能力和开放进度或者节奏应该保持一致。

我们在金融业开放过程中推出了哪些举措？2018 年，中国人民银行推出了金融开放的 11 项措施，包括实施国民待遇、负面清单、外资持股比例放宽、外国投资者经营证券业和保险业的放开等 11 项内容。其中，负面清单一直还没有出来，负面清单的范围掌握在我们手中。如果负面清单的规模很大，若干个行业不让进或者限制得很严格，开放就名不副实了。这里也要强调顺序，哪些先放开、哪些后放开，也应把握好。

2018 年 4 月，银保监会推出了外资投资便利化措施、放宽外资设立机构条件、扩大外资机构业务范围、优化外资机构监管规则等银行保险业对外开放措施。2019 年 5 月，银保监会又发布了 12 条银行业对外开放措施。概括起来就是“放宽、允许、取消”。未来取消的越多，允许的越多，外资在华经营业务和营商环境会越来越宽松。可以说，中国是一块投资洼地，按照我们的目标：到 2020 年，脱贫攻坚完成，全面建成小康社会，在建党第一个“一百年”全面进入小康社会，小康社会之后经济也会持续稳定地发展相当长一段时间，到 2035 年，要初步进入到中上发达国家行列，到新中国成立 100 周年要进入发达国家行列。

**2. 银行业对外开放所带来的机遇与挑战**

从机遇来看，外资的加入一定会使市场活跃起来。我国银行业还有很多东西需要向外资学习，如全球配置资源的能力、产品种类等。例如，花旗银行的特长是个人零售，因而很有吸引力，还有风控能力、风险管理能力也有很多经验值得我们学习。

从挑战来看，竞争度提高也是我们面临的现实问题。在银行业竞争度快速提高的情况下，中资银行特别是中小银行何去何从？当经济发生波动时，外资银行对本国经济产生的是冲击，不要指望外资的援助。所以，这种情况下如何平滑外资银行对经济的冲击，也是需要考虑的问题。跨境资本流动问题应该会比现在更活跃和更频繁。一旦跨境流动，风险也是跨境的。所以，银行体系的风险可能会增大。监管方面，外资进入后，监管部门如何监管外资银行，特别是业务范围拓宽之后如何监管，也将是一大挑战。

## 四、面向未来，中国银行业何去何从？

### （一）银行业回归本源服务实体经济

中国经济正在走向美好的明天，我们非常有信心到 2049 年实现现代化。与此同时，金融业和银行业必须要坚持服务实体经济，才能助力经济实现 2049 年这一目标。要发展实体经济，未来我国要走创新型国家、创新型经济的道路，企业经营模式也会改变。未来要跟着产业走，珠三角、粤港澳大湾区、长江经济带等发展势头良好。但是，对比西部、中部、东北地区，区域经济的不协调问题比较明显。如果区域经济发展过度不协调，未来全面走向小康可能会缺乏支撑。因此区域协调发展这可能是一个重要的国家战略。

从 M2 来看，目前我国货币投放不少，但实体经济得到的不多。我认为是两方面的问题：一是传导的问题；二是需求的问题。信贷资金的需求则要着重于未来产业新的布局和未来新的经济增长点的出现，以及创新转型的实现。没有新需求的产生，只加大供给是没有用的。习近平总书记也讲到区块链的问题，认为这个技术也许能够帮助破解一些难题。

银行未来加大金融科技投入和金融科技发展水平，在很大程度上能够解决中小企业融资难的问题。当大行有了金融科技的解决手段之后，原有的信息不对称问题可能会得到一些缓解。相比之下，金融科技的解决方案可能是更好的选择。

### （二）差异化经营：创新发展中间业务，健全中小银行治理体系

目前我国银行业差异化程度较低，几乎所有商业银行从事的业务都差不多。所以在同质化竞争的层面上，银行数量越多，竞争越剧烈，因为没有特色。未来差异化经营将成为各家银行的着力点，每个银行都应该有自

己的品牌特色。

### （三）智能化经营：运用金融科技构建高效、完善的经营体系

商业银行智能化需要构建一个或多个场景，借助科技手段来助力银行转型，有助于轻型化银行的建设，这对于中小银行来说更具意义。以客户为中心，实现场景化、定制化服务，提高服务效率。

### （四）综合化经营：开展行业并购与整合，形成可持续的金融生态

《商业银行法》修订应该解决分业经营现状，从法律上给予商业银行混业经营的准入资格，允许银行进行混业经营，这样才能在法律上与外资银行有平等的竞争环境。

### （五）国际化经营：因地制宜，推进中资银行“走出去”战略

在国外银行的发展历程中，我们看到了综合化和国际化的大趋势。但我国银行“走出去”比发达国家晚了很多年，那么我国银行业如何布局国际化将是一个很大的考验。“一带一路”是否指出了新的投资价值洼地？这些投资存在哪些风险？这些都是我们必须正视的问题。

（本文由庄毓敏教授于2019年10月27日在人大重阳“新中国70周年”主题系列讲座中的演讲整理而成。）

# 大创新：70 年来的中国生产力发展

贾晋京*

中国从“富起来”到“强起来”的核心点是什么？工业化和现代化，工业化和现代化两者之间到底是什么关系？我们要不要把整个工业化过程放到全世界，整个大的历史脉络当中来看？中国现在走向“富起来”和“强起来”是如何与现代化这个话题密切结合在一起的？近代以来，世界发生的事情是什么？在这当中怎么看？中国都做了什么？以及放眼未来，未来是个什么样子？

**图 1　贾晋京研究员在人大重阳“新中国 70 周年”主题系列讲座中作演讲**

---

* 罗晋京，中国人民大学重阳金融研究院助理院长。

## 一、现代化和世界现代化动力学

### （一）现代化

近代以来世界发生的事情应该概括为现代化，1840 年以来，中国所努力的方向都是在探寻现代化的道路。党的十九届四中全会公报指出，放眼未来，中国与世界将做的事情是将继续进行现代化。党的十九届四中全会公报的一个重要亮点是国家治理能力与治理能力现代化，落在“现代化”上，分为三个步骤：

（1）到建党一百周年，即 2021 年，使我国社会主义治理能力和治理体系更加成熟、更加定型。

（2）到 2035 年，基本实现国家治理体系和治理能力现代化。

（3）到 21 世纪中叶，全面实现国家治理体系和治理能力现代化。

这三步实现的时间节点与党的十九大提出的现代化分三步走是一一对应的。一般来说，现代化源自工业革命，工业革命开创了现代化道路。工业化每往前推进一步，它的动力和变化发展都是来自创新，我国实现现代化也是把创新驱动当成第一位的动力。

### （二）世界的现代化动力学

世界的现代化发展是从工业革命开始的，但是这个世界的现代化不是来自某些特立独行的特别抽象出来的因素，比如是不是由于使用了蒸汽机和煤炭导致的现代化，也有人说是由于材料革命、18 世纪钢铁革命引起的现代化过程；也有人说是某些制度方面的革命。这些因素都不能概括成现代化的动力。

现代化第一步的基础是标准化。标准化过程大概是从 18 世纪中叶开始的。标准化的定义是通过模具测量学，把产品生产过程中所需要的各种尺寸精密确定之后，通过模具测量学使所有产品都生产成规格化的部件，这些规格化的零部件相互之间是可以替代的。一个整体的产品被分散成各种零件生产出来。它带来了一个重要的哲学上的含义，即人的劳动和劳动成果之间的关系，马克思称之为“劳动的对象化”，意思是人的劳动付出以后会生产出来的产品。

标准化之前是人类的手工业时代，实际上是手工业时代的人类劳动。基本上一个人的劳动能力对应着一份劳动能力的产出，也就是 1 + 1 = 2 的关系。而标准化所带来的是，这个最终产品作为一个产品，只要将它拆开，做出来再组装，使人和产品的关系呈现出“1 + 1 > 2”的关系，这个“1”代表一个人的劳动成果投入，“1 + 1 > 2”，再加一个 1 就大于 3。标准化通过分工提高效率。

有了标准化以后，下一步就会出现一个产品多个零部件，称为“能多就多”，生产很多个零部件，这样就一次性，一个批量可以组装出很多产品，可以卖更多的钱，可以扩大销售，这叫规模化。规模化的时候，人和产品的关系可以理解成“1 + 1 > 3”，相对于“1 + 2 > 3”而言。

二战以后，系统工程成为普遍推进世界发展的动力，这就是数字化。数字化阶段仍然持续推进并发挥着更大的效应。将现实中的数字变成用 0 和 1 二进制表达的数字，它就不断地用二进制表达。把各种各样的现实输入电脑，这些电脑是互相联网的，它形成不同于现实世界的赛博空间，现实中的 X 映射到虚拟空间的 X。电脑里处理对象与对象之间的关系，它的效率要比现实中人和人处理的效率高很多倍。

一旦把所有这些东西都加入数字化系统中，存储大量可调用的数据时，就可以推进智能化。智能化的数据本质就是运行在系统中的算法和程序，调用各种数据库里的数据，来进行一些活动。

## 二、世界发生了什么事情?

标准化起源于18世纪。18世纪，法国的炮兵将军格里布瓦尔为了解决炮在战场上容易损坏的问题，想了一个办法。他把炮拆成零部件，所有零部件是统一规格，便于随时替换，他把车安在炮架身上，打仗时前面是炮，后面运输的时候专门有一辆车拉着炮管子。炮管子是一次浇铸产品，炮管子比较容易损坏，因为当时没有发明转炉炼钢，无论是什么金属材料，铜或者钢浇铸的炮管子，出现气泡很容易炸裂，运输车有备用炮管子。他对生产这个炮的皇家兵工厂体系进行了改革，让这些兵工厂体系学习工业工程学，将模具标准化，产品也标准化，这样做出来的东西，损坏的零件可以随时替换，这就是全部零件可替换工艺。

后来通过全部零部件可替换工艺的传播，标准化推广到了更广泛的地区，这就引起了后来规模化的发展。有一个例子可以说明标准化推广到更广泛的地区，18世纪初，从法国的兵工厂里出来两个工程师，到当时刚刚建国的美国援建了著名的春田兵工厂。当时美国与原来的宗主国英国打仗，需要有人帮他搞兵工厂，当时法国和英国关系也不好，法国是拿破仑时代，派了两个工程师到美国，帮助美国建立春田兵工厂。春田兵工厂建立以后，春田兵工厂的工程师不断地走出去创业，使美国成了标准化和规模化发展最快的一个地区。这是美国崛起的主要原因之一。

如果说18—19世纪一定和西方对比的话，结论是不是中国没有赶上那个年代的现代化浪潮导致了落后，落后就必然挨打？恐怕也不完全是。欧洲人为什么有动力改进这个炮，是因为每天打仗的需要，这是最基础的东西。中国在18—19世纪前期，国内基本没怎么打仗。

18世纪下半期到19世纪上半期，西方人进行了标准化，进行了初步的规模化发展，这给他们的生活带来了很大的改进吗？不一定。当时是看不出巨大的影响和变化的，当时中国人的总体生活水平不比西方人差，甚至更高一点。

这是 19 世纪上半叶的规模发展，英国人没有进行大规模标准化和大规模工业化的发展，这是很重要的事情，英国作为工业革命的起源地，后来工业落后了，我们知道英国现在的工业是相对落后的，尤其是相比工业相对先进的国家。

英国变落后了吗？不是的，19 世纪的国家进行标准化、工业化的时候，英国根本没有进行标准化和工业化。有一个著名的例子，英国水晶宫于 1851 年世界博览会（当时称为世界工艺博览会）时修建，按西方通用的说法，这是个手工业产品，不是大规模工业化、标准化的产品。当时英国已经有建成世界帝国的优越感，展出了各种各样的产品，英国人理所当然地认为自己的产品是最先进的。结果英国当时最主要的产品之一手枪，在评比当中败给了美国的柯尔特式手枪。美国的柯尔特式手枪是通过标准化的工艺，全部可替换工艺制造的；而英国的手枪，他们自认为最拿得出手、最自豪的产品，不是标准化制造下的产品，综合性能测试结果不如柯尔特式手枪，英国人觉得很丢面子，就不给柯尔特式手枪颁奖。英国人当时没赶上标准化、工业化，标准化、工业化在 19 世纪也没有大规模地改变世界。

什么时候真正地改变世界呢？这里有连续的发展脉络。

英国最早发明了蒸汽机车，这是人类最早超出一个人设计能力的产品，蒸汽机车需要团队进行设计。英国也没有在修建铁路方面落后，英国人修建的干线路叫作英国大西部铁路，在工艺水平和技术水平方面都是领先的。但英国没有那么大的土地面积，没有大规模修建铁路网的需要。美国是世界上第一个大规模修建铁路网的国家，这才是真正崛起的充分条件。前面讲了很多内容，在后面当今现代化、工业化发展到这个水平，回头去看，那是必要条件，不是充分条件。真正大规模改变世界的充分条件是大规模铁路网的出现。需要大范围的市场，如火车时刻表上的时间是统一的，如果没有时间的统一就没有后面的现代化，在有铁路网之前，当时美国两个邻近的市镇时间标准是什么呢？整个市政中间有一个市政厅，上面有座钟楼，钟楼里有个大钟，大钟走到几点大家就认为是几点，相邻两个镇之间比较时间有时候能相差 2 个小时，对当时的人来讲这是无关紧要的。因为相邻的两个市镇来往都需要花很长时间，走个大半天，这时候已经感觉不到时间，一个人的活动是以天为周期的，一天当中的一两个小时，只要你和周围的人一样就行了，感觉不到和旁边的市镇差一两个小时。

有了时刻表，这就是时间的来源。把市场里能标准化的东西标准化起来了，如标准小麦，铁路运输各种产品需要标准化，其中一个典型的例子是，19 世纪中期开始推广标准小麦，推广标准小麦之前，农民家的小麦是前一年自己种的小麦留下来的种子自己种，从植物农学角度，用不了多长时间，两家农户之间的品种就会产生巨大的差异，但是铁路运输不允许这样。如果两家产品打包打成麻袋，麻袋还不统一，要是往火车车皮上装，效率特别低，而且当时是蒸汽动力时代，最好的方法还是把小麦往蒸汽动力的传送带一倒，火车都不用停车，一节一节过去，用传送带装满。用这种方式进行贸易，就要求每家生产的小麦得是规格统一的，不然不好算钱。所以需要是标准小麦。标准小麦就是这么推广的。

这时候人们的生活开始有了一些改变，但是还没有太大的便利化的改变。实际上，到 19 世纪 60 年代才开始有了缝纫机，它是世界上第一种进入家庭的，通过标准化批量造出来的产品，世界上第一种规模化产品进入家庭的是胜家缝纫机，19 世纪 50 年代，胜家开始创业，60 年代开始逐步进入千家万户，这时才看出来工业化对世界带来的改变，这种改变被称为现代化改变。

在此之前，讲“现代化”这个词本身是没有意义的。当时连现代化这个事物本身都不成为独立的广泛存在的社会现象，所以不能指责中国没有抓住当时所谓的现代化浪潮，因为当时不存在现代化这件事，有了越来越多的规模化产品进入家庭，现代化才真正成为一种重要的社会现象，甚至是最主要的现象。这时候要赶上现代化的浪潮才是一件有意义的事情。

所以，中国从洋务运动的时候，基本处于世界上刚刚开始现代化改变世界进程的时候，并不是起步点上慢了，但在一开始，如洋务运动时真的没有做到理解现代化进程是怎么回事。所以，中国对现代化的过程经历了艰辛的探索。

**图 2　贾晋京研究员讲座现场**

到规模化发展比较成熟的阶段，也就是 20 世纪上半叶，福特生产出成千上万辆汽车，所有工人处在 8 小时工作制的流水线上。当然，为了这 8 小时工作制也经历了艰苦的斗争。卓别林主演的电影《摩登时代》反映的是不断拧螺丝的工人，当时现代化才真正成为人类社会当中宰制性的浪潮，因为它盖过了其他浪潮，所谓“历史车轮滚滚向前发展”，其实是到了真的车轮被大规模标准化复制的时候才出现的“现代化车轮滚滚向前”。所以，规模化的发展才是真正有意义的现代化。

到了二战时期，系统工程有了进步，比如要造飞机，就需要研制雷达，也需要研究高射炮该怎么打，这时需要电子工程师来解决这个问题。

在从事二战科学技术研究之前，当时的电子工程师主要是研究频率是怎么调节的，而机械工程师主要是研究时间，如一分钟到底是多少转。二战之前电子工程师和机械工程师各司其职，为了二战的需要，研究破解密码的计算机、研究雷达系统，电子工程师和机械工程师聚集在一起研究，产生了信息论、控制论，还有信息论、控制论的系统工程。最早的大规模系统工程是制造原子弹的曼哈顿工程，系统工程的思想到二战之后带来了科技革命。

二战之后的科技革命包括飞机、全球的海运、电子机器人、电子信息工程。而二战之后中国处于怎样的历史年代？1949 年，中华人民共和国成立，中国不见得是每一步都落后，中国其实也在追赶世界前沿的脚步，只不过在中国，这种世界生产力发展前沿的东西要想充分发展出来去改变每个人的生活是需要条件的。中国最先进的一批人的做法相比这个世界落后了吗？不见得。中国确实特别大，要想让生产力发展的核心惠及每一个人，改变整个社会，确实需要条件。

系统工程改变了这个世界，实际上，中国在 1949 年以后最早开始自主研制的飞机，即 50 年代的歼 – 5 喷气式飞机，没比当时世界上落后多少。中国在哪些方面比较落后？如果拿飞机来说的话，涡轮螺旋桨式飞机是很落后的，即使现在中国的涡轮螺旋桨飞机也比国外落后不少，因为中国最开始发展就是喷气式飞机，没有赶上涡轮螺旋桨飞机广泛应用的时代。但这并不重要，现在的飞机本来就是喷气式的，喷气式和涡轮螺旋桨式的飞机两者没有直接的继承关系。

数字化时代：20 世纪 70 年代。

到了 20 世纪 70 年代，随着电子信息技术的发展，互联网开始发展起来，全球进入数字化时代。数字化一步步地改变了金融，因为金融需要通信，还有金融里的数字处理，20 世纪 70 年代是数字化最早开始应用的时代，每一步数字化革命浪潮都改变了金融的形态，其中就包括 1973 年金本位制度，美国关闭了黄金和美元的兑换窗口，发生了金融划时代事件，其实都和数字化的兴起有很大关系。

智能化：宇宙本质融入人类经济。

到今天进入智能化时代，各种各样现实中的事物、现实经济运行的各个环节都被数字化了，输入电脑当中，在信息组织的赛博空间运行，赛博空间中的程序可以调用这些数据，就形成了人工智能，人工智能是人类所创造出来的，但人工智能有这种关联万物的本质属性，它可以作为某种自己存在的东西，即所谓“物自体”“自在体”。

反过来看世界的现代化动力学，从这个角度来看，世界发生了那些变化，标准化—规模化—系统化—数字化—智能化在这个进程中，从世界所经历的角度来看，追求现代化的各种努力实际上都是在动力机制之上安装的应用。我们要实现政治、经济、科技、军事“四个现代化”，每一步的核心现代化要素都是这些成分。

国家治理体系和治理能力现代化是什么？是使标准化、规模化、系统化、数字化、智能化能发挥作用所需要的“操作系统”。

## 三、中国如何实现现代化？

70 年以来，中国做了什么？在全世界现代化发展的过程中，从起跑到跟跑再到并跑，并且现在开始在某些方面进入领先阶段，现在的国家治理体系和治理能力现代化，也是党的十九届四中全会重点要解决的问题，“操作系统”在当前状态下要升级，从“富起来的操作系统”升级成“强起来的操作系统”。中国有哪些基础条件呢？中华人民共和国成立的时候，已经有了技术条件，这没有任何争议；中国五千年文明所形成的特质，如汉字是其中的一个表现，大家都使用汉字；中国的人口规模为世界的 1/5 左右，中国是世界上人口最多的国家；中国具有能够实现现代化和工业化的基础，实现这些事情的路线和西方国家所不一样的地方，是中国的工程能力，这是中国最独特的地方。

中国科学院袁志刚教授送过我一本新书——《中国大运河经济带战略构想》，这本书讲到了大运河。大运河就说明了中国的工程能力，中国古代就有这个实力和能力。在古代，中国有大运河和长城，甚至每一个工业革命之前的每一个时代，中国都拥有世界上最伟大的一些工程奇迹。这说明中国有强大的工程能力。工程和技术是有区别的，科学、技术、工程三者经常被联系在一起，实际上又有所区别。区别在于，科学和技术之间的关系，直到19世纪末之后才开始变得密切起来，在此之前科学与技术没有太多的交流。

什么叫科学？“科学”这个词，用于自然科学的历史是1837年产生的，产生得较晚。科学的本质在于，有一伙人追求的是“真”，他们就不断地做两件事情：第一件事情，在逻辑上不断搞还原论，想把逻辑还原到最简洁的东西上去，再反过来把我们所看到的认知对象或现象推理出来。比如现在的物理学前沿是在全球建立大统一理论，能不能通过一个最简单的原理，从宇宙大爆炸起，它到底体现了什么样的力学机制。以最简单的方式把整个世界和宇宙推理出来然后作实验验证。

所以，科学做的第一件事情是把这个事情还原，第二件事情是进行验证。技术一开始就是针对需求的，改进工艺，这是技术所做的事情。工程和科学、技术还不一样，工程的核心是一个人做不出来的，而是组织人力资源进行大范围实施，一个人完成的事情称为工程的活，他一定需要花很多时间，不断在时间上进行积累；或者很多人在一起把这个事情实施出来，这叫工程。中国有强大的工程实施能力。

中国，作为一个文明体，有这么大的人口规模，有工程实施能力基础，中国的现代化是如何展开的？我们如何理解“四个现代化”加上国家治理能力和治理能力现代化之间的关系？中国总的目标是中华民族伟大复兴，到21世纪中叶建成社会主义强国，实现现代化，并且实现国家治理体系和治理能力的现代化，这实际上就是追求如何实现现代化。

现代化如何才能继续？

一是扫盲。在中华人民共和国成立的时候，中国有 5.4 亿人口，这 5.4 亿人口中 90% 的人都是文盲，文盲是没有办法纳入工业化、现代化过程中的。所以，新中国开展的扫盲是解决中国走向现代化问题非常重要的基础，中国由于人口特别多，需要花很长的时间为现代化提供一种过程需要。一旦这些条件准备成熟，中国所爆发出来的能量是世界上任何其他国家没有办法比拟的。扫盲只是中国准备这些现代化条件当中的集中体现，除扫盲以外还有现代化爱国卫生运动，消灭普遍影响人们健康的传染病、血吸虫病都是基础的社会建设。这些社会建设体现不出直接的 GDP 增长来，但它是长远的，从根本上决定了这个国家的人口是由哪些人构成的。

像 2019 年诺贝尔经济学奖颁发给了扶贫方面的研究，但这几个诺贝尔经济学奖得主研究的是印度，并且没有给出能够使印度形成中国这样的扶贫成果的建议，只是研究了印度的贫困成因，其实值得研究的是现代化的成因，作为现代化成因的一部分，扫盲是标志性做法。

二是基础设施建设。这是中国工程能力的体现，假如没有可靠的电力供应，世界上很多发展中国家现在还是处于什么状态呢？一天只有 2 ~4 个小时有电，那样的工业很难发展，中国的基础设施建设能力，如铁路、电网、城市里的市政建设等都是现代化过程开展所需要的基础。

有一个对于所有现代化过程开展很重要的基础——工程图，房子装修等都需要施工人员、执行人员能够看得懂施工图。现在的中国人看来，装修房子的人能看得懂施工图，这是很简单的事情，不需要特别拿出来说明。但实际上让大部分人能够看得懂工程图并不是一件简单的事情。

世界上常见的工程图学有几种不同的体系，即法国体系、英美体系，还有苏联体系，中国在新中国成立初期学习苏联体系，学习苏联体系之后发现一个很混乱的地方，苏联的工程体系有点复杂，对看懂这个工程体系的人要求有点高，不便于推广。所以，当时中国有一个华中科大的教授，在20世纪50年代，他花了很长时间研制出了中国自己的工程图体系，为了便于推广，还编了歌谣、口诀等，以中国人民喜闻乐见的形式普及，这种图很容易看懂，甚至不需要多少字就能看懂，与苏联体系完全不同，苏联的图对人的文化程度要求很高，按现在的话说，至少初中以上文化的人才能看懂，苏联的课本在世界上以“艰难繁重”著称。

中国经历了这么多年的现代化建设，所实现的东西是现在所看到的，中国能够赶得上当今世界已经进入智能化时代的潮流，中国智能化当中前沿的东西并不落后于世界，这是比较明显的事情。而现代化过程中，标准化、规模化、系统化、数字化和智能化作为它的动力机制，每一个都需要上一个层级作为基础，没有上一个层级是进入不了下一个层级的。从当今中国所处的历史方位来看，能在智能化、数字化方向不落后，实际上就是说在每一个方面都做得不错。如规模化进程中的劳动人口问题，解决了这些劳动人口的问题，并且让这个过程变成不可逆的过程，这是花了很大功夫进行的社会建设的功劳。没有这些基础，中国是走不到当今的。走到现在，我们有总体适应了现代化生产生活过程的人口，就会带来非常巨大的能量。

## 四、未来的世界

未来的世界只有中国具备了充分开展下一轮现代化的条件。现代化的动力机制就是在每一个历史阶段需要具备充分的条件才能开展。

一是市场。数字化和智能化是现在前沿的东西。现在所有的产业只有数字化和智能化，才能够往前发展。数字化、智能化需要数据，有足够大的市场才有足够大的数据。日本曾经在20世纪70—80年代走在了世界前列，但是现在日本的创新赶不上时代的变化，某种程度上是因为日本他自身的市场不够，提供不了足够多的数据，这是比较基础的方面。

二是创新。创新是有方向的，每个创新都带有方向，是向量，指向它所处的那个阶段，标准化年代，首先就要指向标准化，进入标准化的东西，再创新就是指向批量化，它是朝着这个方向。创新可分为不同的方向：一个方向是顺应动力发展的创新。有的时候创新只能朝向另一个方向，它不是一个代表着未来趋势的创新。比如美国想把工厂搬到美国，企业全都不愿意，因为这是提高成本，并且没有简图，没有未来的模式。所以，不是说反动的创新就不存在，也是存在的。

三是资本。资本也有两个方向：一种情况叫作资本形成，另一种情况也可以叫作资本退化。资本在金本位制时代勉强可以理解成，来自作为钱使用的那些珍贵的资源，如黄金、白银、铜，而事实上经济学课本里关于什么是钱，是参照拿黄金、白银、青铜等实际存在的东西作为钱来用的模型来写的，实际上这个模型是不对的，尤其是在金本位制已经不作为世界货币体系的基础之后更是不对的。现代是信用货币时代，什么是资本？资本的形成实际上是信用的形成过程。信用是指一个公司、组织或个人说他要做什么事情，未来每一步要做到什么程度，相应的只要是能兑现的，就会产生未来现金流，这就是信用的形成，有的时候给你一个信任，它就是信用的形成。比如信用卡，给你 5 万元额度，你就可以购买 5 万元的东西；10 万元的额度就能购买 10 万元的东西，这就是信用。信用是在资产负债表的两端形成的，现代化的未来，在某种程度上可以取决于创新是不是在扩大，大的创新，指向标准化分了几步，发展到现在智能化趋势的创新，市场规模越来越大，有自己的资本形成能力，不需要别的国家的资本，如其他国家货币扮演本国货币角色。

现代化序列，就是从标准化发展到智能化序列的国家和社会。进入现代化序列的国家分为新动能和旧动能。旧动能是怎样失速的？如果这个国家不能在创新、市场和信用形成（资本）三个方向，往扩大方向行走的话，这个国家一定不能创造下一阶段的现代化，至少引领不了现代化，中国是有充分的能力，通过旧动能是怎样失速的我们就能够理解为什么中国是全球新动能最有希望的地方，可以说是唯一有希望的地方，甚至只有中国有这样的能力。

真正衡量治理体系和治理能力，是看能不能促进这一国家朝着这一阶段的现代化的方向发展。不断推进国家治理体系和治理能力现代化是很重要的事情，并且是不断提高的进程，不断适应时代变化发展的，尤其是这个时代发生某些方面的变化之后，中国总体市场规模维持不变，按照现在情况来看是可以的。因为人口红利变成人才红利，人的劳动技能和自身人力资本价值不断提高，市场可以通过创造虚拟线上空间、赛博空间里的市场，发行数字加密人民币对应数字空间里创造出来的数字市场这样的方式，不断扩大规模，能不能做到这件事情都取决于国家治理体系和治理能力。

（本文由贾晋京研究员于2019年10月31日在人大重阳“新中国70周年”主题系列讲座中的演讲整理而成。）

# 中国财富管理 70 年：中国经济如何实现“弯道超车”

李　勇*

中国的财富管理从银行开始，银行是中国财富管理业务的主力军。后来，资管新规、银行理财子公司等一系列的改革，都推动着中国财富管理业务的发展。随着高新技术的发展，以科技创新为驱动的经济增长方式现在基本已经达成共识，而科技类企业的培育属于高风险、高收益的投资，如果金融产品的期限与企业存续不能良好匹配，则不利于经济的可持续性发展。

**图 1　李勇教授在人大重阳“新中国 70 周年”主题系列讲座中作演讲**

* 李勇，中国人民大学经济学院副院长。

## 一、中国经济的挑战和机遇

毋庸置疑，1979年以来的40年改革开放，中国取得了世界瞩目的经济成就，这是中国历史上千年来的经济奇迹。从数据就能很容易得出这个结论，观察2018年的数据，世界总GDP为85.8万亿美元，中国就贡献了约13万亿美元，占到约15%；美国约20万亿美元，占24%。有专家说按照现有中国的体量，从GDP的角度，中国很快将超过美国。因为中国2019年GDP增长速度是6%，而美国是1.9%，一快一慢，中国很快将会超过美国。

我国的GDP数据1952年才有统计，当时只有305亿美元，与1952年相比，我们的GDP翻了约43倍。所以，过去70年我们的财富创造能力令世界瞩目。这里不用纠结区分于改革开放前或后，理解为前面增长平缓、后来增长快速即可。

目前，我国经济的发展确实遇到一些挑战。中国经济的结构确实在进行更深层次的调整，有一种冰火两重天的感觉。就实际情况而言，目前还没有出现一个产业发展能够完全替代房地产行业体量的新行业。新型产业的未来尽管前景广阔，如“区块链”产业，但是产业发展需要一定的时间，经济效益才能体现出来。星星之火，还未燎原。产业升级仍在途中，新兴龙头行业仍在培育和成长中。“青黄不接”可以用来形容现在经济结构转型的现状。

目前，人口结构也是我们面临的一大挑战。从数据来看，我国从1999年开始步入人口老龄化社会。2018年的数据显示，60岁以上人口有2亿多，占我国总人口的接近18%。同时，生育率较低也是加速人口年龄结构趋向老龄化的重要原因之一。

图2　李勇教授讲座现场

我跟人家讲，我带了140多名学生，我今年40多岁，但我的第一批研究生已经30多岁了，到目前为止几乎没有人结婚生子，我感到了深深的忧虑。父母们千辛万苦把我们培养成北大、清华、人大的硕士博士，不生了，到此结束。反而在小城市生活的人，虽然是三本院校毕业生，他们不停地生。这个现象特别严重。这个时代很奇怪，我也是过来人，年轻的时候也谈过恋爱，女朋友如果说不愿意生孩子，会立马分手。现在不同了，女孩子如果说不愿意生孩子，丁克，男孩子会举双手赞成。这是很奇怪的现象。

韩国的生育率几乎为零，这个问题极其严重。但这个问题短时间内很难解决，因为涉及整个社会系统的问题，教育、房价等各方面的问题。

人口年龄结构涉及两个问题：一是就业问题。从养老金的角度来看，经济增长主要依靠青壮年，而未来随着这一部分年龄结构人口的减少，养老金的供给也会相应减少。通俗来看，现在的养老金是由几个年轻人养一位老人，照着现在的结构继续发展的话，未来一个青壮年需要供养四位老人，压力可想而知。二是经济增长问题。从企业发展的角度来看，如果企业招聘不到青壮年，其发展效率也将下降。我国自2016年推行了“全面二孩”政策，但是2018年全年出生人口仅1523万人，创下了1962年以来的新低。因此，人口年龄结构问题是一个严重的问题。

从宏观政策层面来看，挑战依然不小。目前，全球主要经济体进入了降息通道，但是政策效果并不理想。这是由于2008年金融危机之后量化宽松政策效果的影响，当前经济中的系统性风险仍然是防控的重心。因此，我国的货币政策仍然需要宏观审慎。

“三驾马车”，即政府投资、出口和内需。关于出口，由于中美贸易摩擦，想增长出口挺难的。内需有一个前提，收入要增长。收入增长不是名义收入增长，不是工资从1万元上涨到1.2万元，而是真正购买力的增长，老百姓要有钱才能消费，没有钱，企业倒闭，工人下岗，怎么消费？以前我一直看不懂，为什么拼多多估值这么高，不是我对它有成见，我这么多年一直坚持用京东就是不用拼多多，一是因为我们对强东同志很有感情，其作为人大的杰出校友，我们依然在支持强东同志。但突然有一天我发现人大教师开始用拼多多的时候，问题就严重了。在座的不知道有多少人在用拼多多，我发现周围用拼多多的人越来越多了，我也即将开始用拼多多了。

这时候问题就来了，但是也要知道，拼多多的这种经济方式对中国品牌建设等方面具有毁灭性的打击。中国制造怎么起来？财政政策方面，国家现在很不容易，在座的各位都是减税的受益者，确实减了，但减税带来的问题也很多，2019年北京市财政收入总体是下降的。再放眼看看中国30多个省份有几个是上涨的？怎么办？减税，如果经济不起作用，政府一旦没钱，政府支出可不是在减少，反而在增多。

财政政策依然需要继续改革和调整。目前，国家推行减税降费的财政政策，带来的好处是企业和个人所得到的利益多了。但是，存在的问题是，政府的赤字率上升了。带来的结果是，如果政府投资减少的话，同样会对经济发展产生不良影响。因此，财政政策需要在逆周期调控时采取更平衡的方式。

目前，经济确实面临下行的压力，但是，我们从焦虑的当下转移目光，不妨看看历史的“风景”。

在国外，历史上也有过这些问题。1913年美国的GDP距离大英帝国相差甚远。同年，帝国大厦在美国建成。当时的欧洲经济家认为美国只会做房地产，因此嘲笑美国。在科学领域，1901年诺贝尔奖设立，此后的20年里，总计有60位物理学奖、化学奖和生理学奖获奖人，其中只有2个美国人。欧洲学者普遍认为，在绝大多数领域美国人擅长模仿和做应用领域的技术发明，几乎没有科学原创。后来，当然如我们所见，美国超过了英国。根据历史经验，我们的经济发展中虽然存在问题，但是我们仍然有机会，不必过分悲观。

从我们的目标来看，党的十九大阐述了两阶段的目标，即2035年基本实现社会主义现代化，到21世纪中叶成为综合国力和国际影响力领先的国家。根据2017年美国丹佛大学IFs模型测算，在2029年中国GDP将超过美国，或将达到约22万亿美元。

目前经济增长展现出了令人忧虑的一面。但有问题是正常的，从近代史来看都有问题，有了问题以后要考虑怎么解决问题。财富管理，金融为实体经济服务主要是要契合这个主题。

## 二、财富管理的历史和现状

在面对挑战和机遇的时候，通过财富管理实现金融为实体经济服务，以促进经济增长，将是一个实现“弯道超车”的途径。

改革开放40多年，我们积累了大量的财富，只要这些财富还存在，就是我们最坚实的基础。因此，我们需要发展财富管理。财富管理是指以客户为中心，设计出一套全面的财务规划，通过向客户提供现金、信用、保险、投资组合等一系列的金融服务，对客户的资产、负债、流动性进行管理，以满足客户不同阶段的财务需求，帮助客户达到降低风险，实现财富保值、增值和传承等目的。财富管理范围包括：现金储蓄及管理、债务管理、个人风险管理、保险计划、投资组合管理、退休计划及遗产安排。财富管理的本质是风险管理，核心方法是资产配置。

在进行资产配置时，需要开阔的视野，为国家经济增长献计献策，更要注重风险分散，不能押注在同一类型资产上。依据的理论很简单，就是资产配置理论，同时，我们还需要依据经济周期理论、理财规划理论、不确定条件下的决策理论等。例如，经济周期理论对财富管理的影响很大。在经济的衰退时期、复苏时期、过热时期、滞胀时期分别买什么资产都是有理论作指导的，衰退时期买债券，复苏时期买股票，过热时期买大宗商品，衰退时期持有现金，需要准确把握现在经济处于什么时期。

在这里需要阐明一个问题，什么是财富管理？什么是资产管理？简单来说，财富管理偏重于规划，资产管理偏重于投资。从资金需求角度来看，财富管理是资产管理的上游部分，即把钱委托给别人投资。从资产/产品的供给角度来看，资产管理是财富管理的上游。

财富管理能够得到快速发展，是由于新中国成立70年来居民财富的巨大积累，发生了翻天覆地的变化。

从居民财富管理发展阶段的角度来看，可以分为五个阶段，即1949—1978年雏形阶段；80年代到90年代，以存款、股票、债券为主的证券市场阶段；从2000年开始，商品房市场活跃，可以称为住房市场阶段；从2004年开始，银行理财产品的出现使得人民的财富管理渠道再一次拓宽；最后是2013年至今的互联网金融阶段。从居民的角度来看，财富管理逐渐趋于多元化，存在越来越多财富管理的需求。

从2018年我国居民财富分布数据来看，我们的住房价值世界第一，有300多万亿元，银行存款100多万亿元，储蓄很多。债权80多万亿元，股票40多万亿元，保险18多万亿元，股权10多万亿元，外汇黄金1万亿元左右，总共600多万亿元，约为2019年GDP的6倍。这些数据说明居民的财富数量相当庞大。随着财富的继续积累，其中的问题也有所显现，即杠杆率太高了。因此，2017年全国第五次金融工作会议对财富管理机构和资产管理机构提出了更高的要求，把防风险放在第一位。

从以下几个方面看财富管理的发展：

第一，银行理财产品。银行理财2014—2016年稳步发展，银行主要是为老百姓服务的，所以其定位与特性主要是为老百姓服务。应对经济周期，2018年非保本理财产品4.8万只，存续余额220.4万亿元，与2017年年底基本持平，但金融同类产品较少，同业这段时间也出现了问题。

第二，基金行业获得快速发展。私募基金从1996年到现在规模达到12万亿元，公募基金的规模达到13万亿元左右，这说明财富管理正在快速发展，但是需要注意发展结构的调整，以及提高业务的核心竞争力。

第三，保险行业越来越重要。由于年龄结构的问题，同时，需要把控风险。因此，保险行业在财富管理未来发展中的地位越来越重要。

第四，信托融资成为银行体系的重要补充。在我国以商业银行为中心的金融体系中，信托与银行合作，衍生出了融资、投资等职能，传统银信合作中信托的重要角色是充当业务通道，尤以单一资金信托为甚。

第五，券商资管规模下降幅度较大。在委外推动下，券商资管规模持续高速增长，在2017年第一季度达到历史高点18.77万亿元。2017年金融环境发生变化，到2018年年底，券商资管规模降至13.27万亿元，缩水约29%，各大类财富管理产品中，券商资管规模下降幅度最大。

总之，财富管理的未来是一个大行业。金融行业如果真要说有什么机会，那就是财富管理，财富管理可以满足大家的需求——如果不买房子钱怎么办。房子不能再置办了，房价如果再涨的话，对有房子的人是好事情，但对未来不一定是好事情，会丧失整体经济的竞争力。这样孩子们都不用努力了，因为努力了也没有用。

财富管理机构有责任把很多事情做好，所以讲不同的定位，这个比较简单。财富管理要发展起来，不光以对机构、对客户的服务取胜，未来财富管理机构的发展还要靠服务。

要提供好的产品，有了好的产品之后还能够为客户解决绝对收益的问题。那么问题来了，资产环境这么差，怎么解决绝对收益问题？这里主要讲解一下财富管理。

各个银行成立了理财子公司，但也带来了问题，做什么业务呢？这又是一个问题。与传统业务有什么区别？我和很多行长交流过，他们也搞不清楚，先成立了再说。理财子公司这一块，包括股权投资这一块，允许银行成立二级子公司、成立股权子公司投资股权，保险这一块养老的需求巨大，老龄化社会养老一定是很大的需求。一方面钱很多，另一方面财富管理需要发展起来；一方面实体经济需要钱，另一方面我们要防风险、要控制。这么多问题交织在一起，怎么解决？如果直接给养老钱，不进行改革，也没法解决这个问题。老人要发退休工资，如果只给他们发钱，这个时候一定会出问题。我们既要保护老人的利益，同时又要解决经济问题。这里面有很多东西，需要作一些改变。我主要把时间放在后面一部分，也就是怎么去应对这些问题。

未来财富管理行业可以作为一个大的行业来支撑这么多的资金，但前提是：一是理念要发生变化，不要追求高收益率；二是注重规模；三是底层资产都不好时怎么办，这就涉及经济转型的问题。所以，未来资产管理行业有三个内容：一是FOF基金；二是量化投资策略；三是智能投顾。现在理财的人注意了，如果你习惯于理财，一定要小心，我们说金融最核心的问题是风险驱动收益。为什么敢投P2P，是P2P的收益率比银行高10%，冒点风险也愿意。要记住一点，P2P是银行体系的有力补充，它属于现金流的体系，因为它是中间商。但是2013—2015年，中国经济还不错或者股价特别高的时候，中间商变成了投资商，这是核心问题。本身P2P

只是一个中介，但是有一天P2P机构发现，买一只股票翻一倍，哪怕不翻一倍，翻50%，也有利可图。它会问，你不是刚性兑付，我答应给你10%的收益率，你把钱给我，我来作投资，所以P2P背后或者是投更高收益的项目，或者是买股票。结果2015年股灾，实体经济下滑，出现问题了。所以不要认为P2P就是骗子，这是不科学的，大部分人在2013年时是有理想、有追求的，只是理想和追求经不起现实的考验。特别典型的例子是“罗教主”，锤子科技的老板，现在欠了很多债，这些人是有理想、有追求的。但是很可惜，这是个问题，本来是中间商，变成了投资商，经济一下滑，全保不住刚性兑付。所以，财富管理机构的监管要跟得上，就是这个原因。

现在的理财从法律上讲打破了刚兑。这是因为如果我们还是停留在利息思维？大家都想收利息，都不想干活，谁来作创新？刚兑被打破了，没有办法。但刚兑打破以后老百姓的理财需求的问题就来了。以后请记住，理财能做3个点、4个点的收益率，但是要冒着本金100%损失的风险，这叫作风险和收益不匹配。每次我都讲理财一定要分散，你不能买一种理财，你把500万身家全放在一家理财上，如此孤注一掷，到时候一旦出现问题就麻烦了。所以，如果你真的没有投资渠道，你买理财，一定要买十家银行，一定要分散。分散是应对风险最好的方法，所以不要以为理财很安全，真不是这样的，现在已经打破刚兑了，不要指望闹事能够成功，不一定的。所以，智能投顾就显得很重要。

## 三、资产配置和母基金

目前，中国的金融体系正处于转变的过程中。未来，金融行业存在机遇。与传统的银行业务、投行业务不同，财富管理行业作为新兴的行业，是发展的动力点。这就要对之前金融体系中的特点作出总结。

中国金融体系在之前是以银行业为代表的间接融资体系为主导的体

系。我们熟悉的P2P就是间接融资主体，本质上它属于金融中介。在存款利率与贷款利率存在利差时，银行的贷款业务可以说是“躺着挣钱”。在经济发展初期，“遍地开花”，因此，当时的银行业务这样运营是可以的。但是，随着时代的发展，这种运营方式需要发生转变。目前，我国正处在科技增长推动经济发展的阶段，对于企业的投资、扶持更需要具备长远的战略眼光，不只是中国经济这样，世界各国也是如此。因此，未来将是以高风险、高收益投资为主的局面，这就是未来财富管理的格局。因此，投资需回归本源，提高投资策略的核心竞争力。因此，对于诸如区块链、新能源汽车等领域，都需要提高投资的战略眼光和布局。

这就需要解答一个问题：中国金融是否过度金融化？我认为没有，而是传统的金融体系与当前经济增长出现了不匹配。因为，时代发生了变化，20世纪80年代经济是“什么都要搞，什么都要好”。因此，拥有银行贷款的企业将会发展很快，这有利于国民经济的全面增长。目前，需要重点深耕，有的放矢，提高科技的综合实力。总结来看，就是以间接融资体系为主导的金融体系已不再适应当前中国经济增长方式，特别是发展未来以科技创新推动经济增长的方式。高科技的重要特点一定是高风险、高收益，以间接融资体系为主导的金融体系已很难适应这样的风险收益特征。

未来，金融服务实体经济过程中，直接融资体系将是重要组成部分，如VC、PE、FOF等各种类型基金。因此，未来中国需要重点发展直接融资占主导的金融体系，这样的金融体系能在经济增长的过程中起到重要作用，特别是以科技创新为主导的经济增长方式。

在金融体系中，FOF基金成为重要的组成部分。对于FOF基金，它就是将基金的标的物从股票换成了基金，不再投资股票，而是投资基金。

FOF基金分为四类：第一类标的物是对冲基金、私募基金，这是解决富人的问题，所以叫作FOHF；第二类是共同基金，所谓的共同基金，就是公募基金，标的是投资公募基金的；第三类是私募股权，需要在政府和市场间进行平衡；第四类是信托投资基金。目前，风险防范是第一位的，因此，分散投资是必要的选择，而FOF作为资产管理行业发展到一定阶段的产物，其自身具备了分散风险、降低投资门槛等特点，符合现在资产配置的需求。因此，FOF母基金不是追求高收益的产品，而是定位于通过分散风险获得稳健绝对收益，管理规模巨大的一种新产业和新行业。

我们当前的根本问题仍然是需要解决经济发展问题。如果实体经济不发展，所有的资产管理都是一个击鼓传花的游戏，避免不了旁氏骗局。因此，从金融服务实体经济的角度，需要发展不同的FOF基金，定位于服务实体经济发展。不过我们也不应急躁，要尊重经济发展的规律，尤其是在支持高科技行业方面，不能“大水漫灌”式地投资，仍需要风险分散式地投资。

由于资产配置需要具备理论知识、投资战略等，需要“专业的人干专业的事”，财富管理需要专业化发展。财富管理机构，包括所有个人都应该是配置者，而不是专业投资者。举个例子来说，对于当前人口年龄结构变化问题的解决方案，可以发展养老型FOF，而此类型的基金需要的专业化团队将直接影响基金业绩的好坏。光是靠从股票型基金的专业基金投资经理，转型成为配置型基金管理者，由于思维方式的影响，很难在资产配置中坚持资产配置理念，进行分散化投资。因此，我们需要培养专业的资产配置人才。

## 四、资产配置和长期经济增长

在将来经济发展的过程中，我们会面临很多问题，如“中等收入陷阱”如何跨越，人口老龄化如何解决，高科技转型如何实现，金融为实体经济服务，“脱虚向实”怎么做，等等。因此，我们需要长期资金，以满足长期经济增长的需求。这就对财富管理产品的久期提出了新的要求。众所周知，以科技创新为驱动的经济增长方式，现在基本已经达成共识，而科技类企业的培育属于高风险、高收益的投资，如果金融产品的期限与企业存续不能良好匹配，则不利于经济的可持续发展。因此，未来需要想办法把资金的使用期限延长。

地方政府介入搞区块链，我非常担忧，它们没有这个能力，也没有这个水平，得看得出这个东西到底哪里可以获得价值。所以，我说要分散，分散很重要，我们要从税收上提一下，这个时候我们可以说一下 401K 计划。关于养老制度改革的问题，可能大家会有意见，但这种改革必须要做，什么意思呢？养老制度的改革，现在看来很简单，包括社会保险、企业缴纳的保险、自己购买的保险，也就是企业给的钱、国家给的社保和个人购买的保险。

但现在出现的问题是，我们都在讲确定给付型，就像我们教授也是一样的，发工资的时候扣除一部分，到退休之后再发给你，但这个钱不够，要扣后面年轻教授的钱付给现在的老教授。

在这种情况下，我们确定给付会导致什么问题？导致老人越来越多，接近 20% 的人口是老人了，再过十年、二十年这个比例是 30%。

现在养老金改革也是关键问题。这里借鉴一下国外养老保险制度改革的经验，即 401K 计划。401K 计划也称 401K 条款，始于 20 世纪 80 年代初，是一种由雇员、雇主共同缴费建立起来的完全基金式的养老保险制度。401K 计划是指美国 1978 年《国内税收法》新增的第 401 条 K 项条款的规定，1979 年得到法律认可，1981 年又追加了实施规则，20 世纪 90 年代迅速发展，逐渐取代了传统的社会保障体系，成为美国诸多雇主首选的社会保障计划。美国的 401K 是企业年金。美国的养老金分为两部分：一部分是国家层面的社会保险金，相当于中国的养老保险，可以保证就业者退休之后基本的养老生活。另一部分是企业的养老金计划，401K 计划仅是其中重要的组成部分，相当于中国的企业年金计划。401K 开户存的退休金的最大好处是延迟交税。属于财政政策的配套实施，政府让利。中国版

401K 在短期内推出还有相当难度，需要从国企思维模式、资本市场发展程度、中国的税收制度改革等多个方面进行改革。现在，有些城市已经有试点。当然，这个计划引起的争议也比较大，需要国内学者、业界进行更多的讨论和研究，制定出符合中国国情的养老保险制度。养老制度的改革，不仅能够减轻企业养老负担，也能够为资产市场带来久期很长的长期资金，支持科技创新。通过财税政策的设计，还能够保护企业职工的利益，使得多方受益。

在产品设计中，FOF 基金有利于创新发展。其中，目标周期 FOF 就是很好的例子。以资产配置方法为基础，将 FOF 大幅推入养老基金市场和教育市场。由于目标周期基金的核心在于随目标日期的远近来调整高风险资产与低风险资产的比例，其核心在于“配置”而非品种选择。这种特性恰好是 FOF 基金的优势所在。因此，目标周期基金市场的主流都走向了目标周期 FOF。典型的目标周期 FOF 都有明确的时间期限，如生命周期 FOF 以退休时间为期限，教育 FOF 以上大学的时间为期限。

还有生命周期 FOF，就是根据人的风险承受能力随生命周期不同阶段而动态变化的特点设计的一种 FOF。生命周期 FOF 一般以投资者的退休时间为期限。下滑航道（Glide Path）是为目标日期基金设计的一种资产配置模式。该模式在早期（距离退休日期较远）更多地配置诸如股票等相对激进的资产；在距离退休日期较近时配置债券类保守型资产。在时间线内通过调整权益类（高风险）基金和固定收益类（低风险）基金的比例来调整 FOF 的总体风险水平，早期前者比例高一些，随着时间的流逝，后者比例逐渐提高。

这些产品的创新都是有利于财富管理行业发展的，同时也能够有效促进国民经济的发展。正如我前面提到的，这种产品的设计可以为国家带来大量的长期资金，以推动科技创新、促进经济增长。

## 五、历史责任

对于金融市场和财富管理行业来讲，从间接融资体系过渡到直接融资体系，产品周期变长，机构投资者要分化成专业投资者和配置者。金融机构，像金融、保险、财富，应该以配置为基础，需要非常专业的配置团队，来管理大规模的、具有稳健收益率、波动小的基金。能够实现这一目标有两种方式：一是量化对冲风险；二是分散风险。因此，在这一领域中需要大量的人才储备。对我而言，教授的第一任务还是培养人才。我刚才说我培养了很多人才，这是一届的毕业生，一届我就有二三十个博士硕士。但是我对得起中国人民大学，因为我的学生就业特别好，我的学生找的工作特别好，因为缺乏这方面的人才，目前大家也已经认识到这方面的人才比较稀缺了。

（本文由李勇教授于 2019 年 11 月 4 日在人大重阳“新中国 70 周年”主题系列讲座中的演讲整理而成。）

# 新中国 70 年：理解中国的历史转型

刘守英*

70 年来，中国已经实现从乡村社会向城市社会的历史转型，在这个历史转型过程中，中国转型的特征、方式、制度安排和绩效都呈现出不同于早期发达国家的道路，也不同于战后发展中国家的路径。我们的报告是利用政治经济学的方法，分析中国转型的独特性、发展模式的特质，以及不同阶段工业化、城市化的方式对产业转型的影响。在分析 70 年转型进程的基础上，提出中国已经进入“城乡中国”发展阶段，“城乡中国”的特征既不同于“乡土中国”，又不同于“城市中国”。公共政策的设计既要摆脱“乡土中国”的历史束缚，又要抛开“城市中国”的传统思维。在城乡平衡发展的立足点上，促进城市和乡村的共同繁荣。制度改革的基本方向应该是推倒隔绝城乡的体制障碍，实现城乡之间由“通”到“融”再到“合”。

从历史的角度来看中国问题的时候，实际上要把它拉长。当我们将改革开放 40 年拉长来看时，就要找到看中国问题的办法，所以今天我想讲一下中国的转型。

* 刘守英，中国人民大学经济学院院长、教授、博士生导师。

## 一、理解转型的两个维度

中国转型大多数是常规的看法，一是增长率，过去超过多少年10%以上的增长率就是“中国奇迹”；二是结构变革，它所用的主要指标是工业化率和城市化率。这基本上是用总量和结构的指标来看整个中国的转型，要重新思考转型的两个维度。

追赶型经济体长期都以实现加速战略为导向，而把经济发展拉长，从整个人类史的角度来看时，就会发现国家和国家、经济体和经济体之间的竞赛比的是耐力，而非某一阶段有多高的增长率。

衡量转型的第一个指标不在于经济增长率的高低，而在于经济体衰退率的变化。从增长指标分解来看，发达国家并没有长期保持持续正增长，真正的奥秘在于衰减率下降。从增长的年份来看，穷国正增长率的表现并不差，差就差在衰退率居高不下。由此得出，衰退率和衰退频率实际上是富国和穷国拉开差距的根本原因。

衰退率在发达国家和发展中国家存在差异，非常重要的原因就是衰退率与这个国家政治和经济的互动环境密切相关。穷国之所以衰退率非常高，实际上是因为这些国家的政治不稳定性更强，政治事件更频繁地发生。

一是看转型要从关注增长率向关注衰退率转变。

二是关注结构变迁。结构变迁本身可以使一个国家的工业化和城市化水平提高，但是度量转型的第二个非常重要的指标，不是工业化和城市化率，而是结构变迁带来乡村变迁的程度。

在世界上所有发达国家的结构转变过程中，都出现了农业占GDP份额和农业占就业份额一致的下降，即农民与土地、乡村的黏度变化之后，农业占GDP份额和农业占就业份额这两个变化趋同。其背后的内涵是农民与乡村、土地的联动，留下的农民从事更高报酬更有竞争力的农业，因此农业与其他产业间利润率差别不大。

总之，衡量转型两个维度的转变：一是从过去看增长率转向看衰退率。其意义在于，由追求高增长、高投资的公共政策，转向关注政治和经济的互动以降低衰退率。二是结构变迁本身并不带来一个社会的真正转型。转型的本质不在于工业化和城市化率的高低，而在于结构变迁的方式是否真正带来乡村的转型，即农民与土地、村庄的黏度发生变化。

**图 1　刘守英教授在人大重阳“新中国 70 周年”主题系列讲座中作演讲**

## 二、理解结构转型的现实

### （一）如何看待中国经济增长绩效

看中国长期的经济绩效，过去 70 年经济奇迹的核心主要是衰退率的下降。改革开放 40 多年来，整个经济绩效和历史非常重要的就是“不折腾”，“不折腾”带来了政治和经济的良性互动，保证了整个社会的高度稳定。

由此，对于整个中国过去的解释，核心不是高增长，而是低衰退。

### （二）转型中的不同

从结构变迁来看，中国发生了从农业社会向工业社会的转变、从乡土社会向城市社会的转变，整个农业氛围下降，工业氛围上升。但是，我们有三个指标与国际相比是反常的。一是农民离土的程度小于对农业经济依赖的程度；二是农民的入城率小于其在城市的经济活动率；三是农业劳动生产率下降。

中国的未来取决于第一个指标能否守得住，即不要发生衰退率，而并非关注增长速度的下降。第二个指标中，农民与土地、乡村的剥离程度较低，农民和土地、乡村的松动没有发生。

## 三、结构变迁方式与转型困境

战后所有发展中国家采取的共同方式都是推动结构变迁，但这些国家都没能成功实现转型。所以我提出，整个转型是否成功也就是乡村是否纳入整个结构转型的过程，核心不是取决于结构变迁，而是取决于结构变迁的方式。

### （一）农民被绑缚于土地的国家工业化

这种农业发展方式带来了两个问题：一是农业劳动生产率停滞；二是农民被绑缚于集体土地的结构转变。这带来的结果是什么？乡村结构的体系性危机，突出表现在以粮为纲导致乡村产业窄化，破坏了农工、农副互补的结构，使得农民更加贫困，农业绩效不佳，城乡断流。

### （二）不离土的乡村工业化

第二个阶段从20世纪80年代中期到90年代中期，是改革时期。改革的本质是什么？衡量一项改革真假的标准是什么？就是看开放权利的程度，改革的本质就是开放权利。

（1）土地制度松解；

（2）农民参与乡村工业化进程；

（3）乡村工业化的特征：分工、分业、不离土；

（4）80年代的乡村修复。

80年代为什么农村一片繁荣？除制度上开放权利以外，非常重要的就是结构修复，也就是允许农业经济多样化，允许农民从事副业，给农民更多的自留地。

城乡关系最好的时期就是在80年代到90年代中期，农民收入提高的速度和农业增长的速度都是最快的。但乡土工业化的方式只在乡土地区发生，不允许农民进城，农民与整个土地、村庄的黏度没有什么改变，因而不是真的转型。

### （三）农一代离土、出村、回村的工业化

从20世纪90年代末期开始，整个中国开启了高速的工业化和城市化的进程，农民开始卷入跨地区流动的“洪流”，城乡之间的大门真正被打开了，大量的农村人口离开农村进入城市。

有别于乡土工业化时期，这一时期人们开始跨地区离土。支撑快速工业化和城市化核心的制度安排是土地制度，我们靠独特的土地制度来保证工业的低价，支撑中国城市的制造，通过土地的资本化即土地的出让收入和土地金融化来保持中国快速城市化的进程。

第三轮中国本应实现跨地区的工业化和城市化进程，但由于我们的城市化不落地、城乡权利不对等，农民尽管离土，但后来又回村，真正的转型没有发生。第三次乡村结构危机来源于结构变迁方式，园区工业化和政府主导的城市化推进中国快速的结构转变，其代价是整个乡村工业化和城镇化停滞。中国的乡村衰而未亡，农业回报率低下，乡村经济活动单一化，城乡要素流动单向化。

中国乡村的真正问题在于中国工业化和城市化的方式，整个结构转变过程带来农村有机结构的破坏，没有认真反思结构转变的方式，即如何将乡村也纳入结构转变的进程。

## 四、城乡中国特征

乡土中国的基本特征是以农为本，以土为生，以村而治，根植于土；城乡中国的特征则是乡土变故土，告别过密化的农业，乡村变故乡，城乡互动。整个结构发生了根本转变，其标志是农民与土地和村庄的黏性开始松动。

### （一）农民的分化与代际革命

如今农民已经发生了根本转变，主要表现在两个方面：一是农民的高度分化。如今处于城乡中国阶段的农村，农民的分化表现在收入上，纯靠农业收入的农村只有10%，20%的农民已经完全不靠农业收入。二是农二代和农一代在政治、经济、社会特征上出现了代际革命。农二代期望更好地融入城市经济，体现出很强的入城不回村倾向。

### （二）农业产业革命

在中国新一轮的转型过程中，农业产业正在发生一场革命，这场革命不同于以往的原因表现在以下三点。

一是粮食安全的概念发生了变化。长期以来，粮食安全的概念是粮食自给，“米袋子”省长负责制。如果整个粮食安全已变成主粮安全，这就为非主粮生产区域提供了很大的空间，实际上为整个中国农业经济活动的多样化和独特化提供了机会。

二是对供给的高质量需求。现在食物恩格尔系数只有27%，大家的需求是从数量转向质量，转向安全，转向健康，这种转变要求提高农产品的附加值。

三是城市对乡村的需求。原来城市对乡村的需求就是低价的粮食，现在还包括旅游健康、自然教育、历史文化等，城市和乡村两个板块互为需要。

整个农业的产业革命实际上是在不断增加农业的复杂度、独特性的过程中实现的，因此，中国乡村有没有革命性的变化，取决于农业能否发生一场产业革命，这就意味着农业在其定义、内涵、功能和发展方式上都会发生根本性的变化。

### （三）村庄演化与乡村转型

不同于欧美，亚洲的乡村有两个主体：一个是农民；另一个是村庄。村庄是一个家庭与另一个家庭，农民与社区、国家发生关系的制度装置，是一个“开关”。村庄是整个乡村各种关系的总合，是非常重要的概念。

由于村庄真正的主体是那些衰而未亡的乡村，但又不能采取大面积乡村建设的办法，所以乡村振兴的核心是如何让这些衰而未亡的乡村体面起来。如今，乡村的耕作半径在扩大，农业的发展方式已经从原来的劳动密集型转向资本密集型，农二代与农一代对于乡村功能的需求不同。因此，中国未来村落的形态会发生非常重大的变化。

### （四）城乡的互动与融合

上一轮城市化以生产要素由农村流向城市为特征，土地、资本、劳动力单向流入城市，最后导致乡村的衰败。近几年乡村变化非常重要的一点

**图 2　刘守英教授讲座现场**

是，资本先下乡，而非政府先号召去乡村。资本来到乡村就是人在变，人变了之后想法就变，人变，想法变，业态就开始变，之后整个乡村产业就开始活起来，城乡互动就开始发生了。

## 五、完成伟大的转型

目前整个中国所谓的历史转型，实际上是指乡村正在发生的这些变化已经表现出农民和土地、村庄的松动。这些松动在我看来是最积极的因素，是中国乡村转型的标志。

### （一）进一步开放与防止衰退率

在未来时期要完成这场伟大转型，核心有以下两个。

一是要继续总结改革开放 40 多年的经验。40 多年来非常了不起的成绩就是衰退率的下降，要在减速的同时防止发生衰退，这是中国最重要的问题。

二是整个改革一定要沿着基本的路线开放权利。改革的本质是开放权利，通过开放权利来增加更多人的机会，做大蛋糕，防止衰退。从转型角度来讲，现在最主要的是城市向农村开放、农村向城市开放。

首先，城市要全面开放，要对农二代开放城市的权利，尤其是对农三代开放教育的权利，这是牵涉整个中国的转型是否会出现断裂的重要问题。

其次，农村要向城市开放权利，土地问题是很重要的一点。土地向乡村、农民开放非农经济的权利，同时向城里人开放使用土地的权利，这样才能将整个乡村地区盘活。

最后，权利开放的前提是实现规划和沿途管制，所以核心是土地制度改革。进行土地制度改革才能使整个乡村的经济多样化，才能使乡村很多新产业有落脚之地，城里人才会进到乡村中去。

## （二）结构现代化三阶段

整个中国社会主义体制的转型，一直要防范的有以下三个方面。

一是防体制冒进。我们提出了社会主义初级阶段，提出了中国特色社会主义要定型，意义就在于防止冒进。

二是防结构冒进。不能通过快速的工业化、城市化来实现从农业国向工业国的转型，一定要认识到城乡中国这个形态的长期性。长期的形态是城乡共处、城乡平衡、城乡融合。乡村只有功能的变化，并不会消融。

三是防观念固化。要真正实现乡村转型就要防止观念固化，乡村转型是比城市转型更难的一件事，因为人很坚固，地很坚固，观念也很坚固，未来的转型是要实现乡村的转型。

（本文由刘守英教授于 2019 年 11 月 8 日在人大重阳“新中国 70 周年”主题系列讲座中的演讲整理而成。）

# 从70年视角看中国资产定价理论与实践

汪昌云*

资产定价理论是金融经济学中最重要的核心理论之一，是金融市场的理论支柱。随着金融市场的快速发展，中国不仅拥有世界上最大的银行体系，而且已经建立起了全球第二大的股票和债券市场，金融产品和交易手段都更加丰富，资产定价理论以及相关实践更加引起监管部门、学界以及业界的重视。

**图1　汪昌云教授在人大重阳“新中国70周年”主题系列讲座中作演讲**

---

* 汪昌云，中国人民大学汉青经济与金融高级研究院院长。

## 一、资产定价：往世今生

### （一）资产定价思想的中国渊源

商品和资产所有权转移需要给资产确定价格，有商品交换就有资产定价。最早关于资产定价的文献是公元前500年战国时期著名的宰相管子的著作《管子》。管子说，“万物通则万物运，万物运则万物贱”，就是指商品流通的价值，只要流通起来了，商品的价值就会发生变化，就会变得便宜。实际上，这是基于商品的流动价值理解商品本身价值的。

战国时期的商鞅，是法家思想的代表性人物，他讲“民之生，度而取长，称而取重，权而索利”。他认为人是趋利的，既然是趋利的，相当于资产定价理论里讲人都有目标函数，没有目标很麻烦，如果每个人的目标不一样，那也很难谈商品的价格和价值，要有一个目标函数，这是古代的经营思想。

约公元前100年的陆贾提到供求关系影响商品价值，“五谷养生，而弃之于地（很便宜，到处都是）；珠宝无用，而宝之于身”。后来的考古发现，在《算术书》里，推测是指公元前186年，20世纪80年代发掘的文献使中国算术历史往前推移了300多年，当然就算如此，也比古希腊人的欧几里要晚100年左右，但要比《九章算术》早200年，这是讲的是贷款利息计算，它有很多东西谈货币的时间价值，今天来讲就是货币时间价值如何计算、如何测度。

“伯乐识马”就是典型的专家评估，他能发现价值。除此之外还有很多，这些古人的观念没有转化成理论和方法。汉朝、唐朝、宋朝的政治、军事和社会都非常强盛，但后来我们没有深入发掘相应的经济学理论。著名的“李约瑟之谜”的大致意思是，中国古代经济社会都很发达，为什么就没有重要的科学理论。

最早的春秋末年，大约公元前500年的战国初期，欧洲对应的是古希腊文明，当时有一个很有名的哲学家亚里士多德，他提出了奠基的“形而上学”哲学思想，这个理论维持了好几百年，它对西方科学技术发展具有重要意义。形而上学是要根据经验和典型事实推测背后的机理，这对科学发展很重要。最重要的是16—17世纪的伽利略“实验科学”，在科学发展上它将中西两个文明拉开了很大的差距。

与亚里士多德差不多的同一时期，中国也有很重要的思想家孔子，孔子在前人智慧的基础上凝练出代表性的儒家思想，强调仁、礼、孝、中庸之道等，但在科学上与亚里士多德有不同的思路和看法。后来对中国科学技术发展约束比较大的就是隋唐时期开启的科举制。科举考试提倡学而优则仕，而科举考试中基本不包含科学知识。我国古代有很多好的经验，也有很多聪明的想法，但其背后的机理很少有人去总结它、升华它、推广它，其中当然也包括资产定价理论。

### （二）近现代资产定价理论

威廉姆斯是“近代资产定价之祖”。马可维兹提出证券组合理论是考虑了风险和收益，公开承认其证券组合理论是受到威廉姆斯的一部著作所启发，他非常认同威廉姆斯的核心思想，但也认为这个理论是有一些缺陷的。威廉姆斯于1938年出版了 *The Theory of Investment Value*《投资价值理论》。这个理论一直到现在，在投资类教科书中也比较常见，他在该书中首倡股票内在价值。

资产价格由资产的内在价值决定是具有公理性质的论断。股票被吹得天花乱坠，到底价值几何？威廉姆斯认为，股票的价值等于股票未来能够回馈股东所有的股利现值之和。股票内在价值就是由股利水平决定的，即一家公司现在、将来能够回馈股东，在某个时点上能回馈多少，股利现值之和就是股票价值，这成了现在所有资产定价理论的唯一依据，包括债券，债券价值等于票面利息和期末本金现值之和，这就是债券的内在价值。发展更晚一点的期权，得出的理论也是一样的，期权价值等于（风险中性世界）到期日期权收益期望值的现值（无风险收益率为折现率）。所以，说威廉姆斯是“近代资产定价之祖”，当之无愧。

法国学者伯契里尔，1900 年博士毕业，其博士论文题目为《投机的理论》。该文后来颇受萨缪尔森、布莱克等推崇，他用随机过程把股票价格的变化表示出来。萨缪尔森的很多研究都受此启发，后来很多期权定价都用了他的方法。内在价值的方法实际上是资产估值“收益法”的发源地。资产估值方法中有一种收益法，这种方法十分重要，也很有市场，最早就可以追溯到威廉姆斯。

和他同一时期的哥伦比亚大学的格雷厄姆，他有一个很得意的学生名叫巴菲特，提倡价值投资，当时内在价值也有人提及，但比威廉姆斯总结的内在价值稍微早一点，他指出内在价值没有错，但很难具体刻画。格雷厄姆提出证券的基本面分析，也就是通过分析某个时点上所有公司的财务资料，尤其是资产负债表，当然也看其他的数据，来推测股票价格低估还是高估。从这个基本面来推测这个公司未来有没有价值，并提供了一些分析方法。这实际上就是现在的重置成本法的来源。

马克思在《1844 年经济学哲学手稿》一书中指出，“人类创造了价值，劳动创造了资本”，劳动区分了人和动物，人类社会所有的享用支配都来源于劳动，是劳动价值论。劳动价值论提出之前还有效用理论，这是在 17 世纪上半期提出来的，效用论是唯心主义的理论学说。马克思提出一个理论，即劳动创造了价值，就是针对效用理论的。经济学的发展过程，就是用一个理论推翻另一个理论，来实现理论上的完善。后来针对马克思的劳动价值论又发展出“边际效用理论”，再往后的 19 世纪末期，又出现了颇具生命力的“均衡价格理论”，等等。

马克思的《资本论》和资产定价之间的联系是劳动决定价值。资产价值完全取决于物化在内的社会必要劳动量。《资本论》中定义的社会必要劳动量是在正常生产条件下，在社会平均劳动熟练程度和劳动强度下，制造某种使用价值所需要的劳动时间。只要把社会必要劳动时间测度出来，资产价值等于单位劳动时间商品价值再乘以社会必要劳动时间的数量就可以得到。它和均衡定价理论存在差异，这是考虑到供给侧，没考虑到需求，用它计算这个价值，在市场交换的时候不一定能成立。

基于劳动价值论，马克思花费了几十年时间著就了《资本论》。《资本论》首先是政治经济学，提出劳动价值主要是针对效用理论，要建立唯物主义标准，其核心目的是论证资本的罪恶和腐朽，论证资本主义的必然灭亡。劳动价值理论不是马克思最早提出的，比他早100多年的亚当·斯密较为全面地阐述了劳动价值论。《资本论》的核心思想是资本家控制生产资料，对工人榨取剩余劳动。但随着生产力水平的不断提高，这种榨取导致资本家和劳动者的矛盾不断激化，出现了生产过剩，资本主义必然会经历危机，这种危机周而复始，就会导致无产阶级觉醒，来推翻资产阶级的统治，掌握生产资料，保留自己的剩余价值，那么资本主义就必然会灭亡，就会过渡到共产主义。

综上所述，资产定价理论的早期演进，经历了现金流决定价值，也就是内在价值学说，基本面决定价值、边际效用理论，以及均衡价格论等。在这些理论出现之前，实际上还有17世纪初的效用决定理论、马克思的劳动价值理论，再往后还有边际效用理论，认为资产价格取决于最后一位消费者的感受。

现在常用的基础定价理论是新古典经济学中的均衡价格论，由马歇尔于1890年提出，20世纪的均衡价值理论一直沿用至今，后来的经济学理论、金融学理论都是用的“均衡价格理论”。所以均衡价格理论是劳动价值论、生产费用论、边际效用理论的融合，构成了新古典经济学的基石。现代的经济学、现代的金融学都是在新古典经济学的基础上演化而来的。无论是内在价值、基本面决定价值还是重置成本都是以均衡价格理论为基础的。

## 二、资产定价：被割裂的投资世界

### （一）两类割裂

不同的市场有不同的定价，主要有以下两类割裂：

一是供给方和需求方的割裂，资产定价或投资就看不同标的、公司提供的内在价值。按照威廉姆斯的投资理论，资产配置原则上应该将投资全部投向内在价值最高的公司。但是，现实中投资者的资产配置并非如此。资产价格还取决于需求侧或供求平衡，既要看不同标的的内在价值，又要看风险水平，这就是马可维兹和威廉·夏普的资产定价理论。把两个标的放在一起或者单独看两个标的，它们两个还不一样，因为构造组合之后风险发生了变化。第一方面的割裂是供求双方的割裂，考虑供求平衡，考虑收益和风险的权衡代表了资产定价理论的进步。

二是一级市场估值和二级市场定价的割裂。二级市场交易活跃、交易量大，根据中国交易所交易数据统计，沪深两市累计成交量是千万亿级的水平，从股市建立之初到现在，一级市场发行股票，筹资总额也就 20 万亿～30 万亿元的水平。从量上来看，所有搞金融的学者集中研究二级市场，二级市场数据也比较充分，从投资学讲资产定价理论，讲二级市场的比较多。一级市场其实量很大，但相对而言较小。两个市场都不小，两个市场都有很多从业人员，都有它自己的圈子，两个市场谈自己估值时都有自己的语言，都有自己的标准，中间有相通的部分，但谈的不多，而且两个市场的估值理论和方法存在差异。

一级市场的估值一般使用“倍数法”和“绝对值法”，也就是给一个公司或项目定价，可能用了好几个比例和绝对估值；常用的有 PE、PB 和 P/EBIT（价格/利息和税前利润）、PS（价格除以销售额），还有格雷尼姆公式，巴菲特的老师提出的公式，也是采用倍数法，比一般的倍数法稍微复杂一点。每种比例都有它相应的适用范围，同类型资产也有一些差异，总体来讲，这种方法具有比较广泛的适用性。

绝对值法，用一个公式能计算出这个资产到底值多少钱，给出绝对额。绝对值法有股利折现模型 DDM、自由现金流折现模型 FCDM，有 Black – Scholes 方法（BS）期权定价理论，其中 BS 方法是计算公司权益的价值是多少，它等于以名义债务额为执行价格的看涨期权的价格。所以，可以直接套用 BS，用实物期权方法给项目和资产价值。此外，还有重置成本法，假如不购买这家公司，重新构建一个同类型公司的成本是多少、花多少钱，由此判断购买标的或并购公司是否是明智的决策。

### （二）资产评估与资产定价

资产评估是资产定价的一个特例。20 世纪 80 年代产生的资产评估行业，现有从业人员大概十几万人，全国资产评估公司 100 多家。资产评估虽然改革开放以后就出现了，但是开展标准化的资产评估业务是在 1991 年，国务院下发了国有资产评估管理办法，当时国家计委下属一个中国国际工程咨询公司，所有的重大国家投资和项目都要经过中国国际工程咨询公司评估，当然后来还有其他更多的公司，要按照国家评估办法评估投资项目的价值。2016 年通过立法，规定所有的国有资产进行交易时，都要进行资产评估，需要经过资产评估师签字确认这个价值。

改革开放之前，我国是计划经济，可以说 99% 的资产都是国有的，严格意义上所有权不发生转移，资产从一个国有企业转移到另一个国有企业，是从“左口袋”到“右口袋”的问题，没有实际上的所有权转移，因此，资产定价没有意义，资产估值原则上意义也不太大。后来考虑国有企业的激励机制时，资产评估决定价值开始有一些意义。20 世纪 80 年代之前，其实资产定价是没有的，因为我们的资产都是国有的，连集体经济企业都几乎没有。这使得我们讲资产定价 70 年一下就缩成了 40 年的时间，前面的不用谈了，谈也没有实质性意义，因为没有所有权的转移。

资产评估归属于一级市场的评价方法。它们两个应该是共通的，但是存在差异。如资产评估中的净现值、内部收益率，实际上是资产定价中的收益法，对未来的现金流进行测算，测算完之后才能计算净现值和内部收益率，所以是收益法。投资回收期是资产评估中一个很常见的指标，它和一级市场评价的PE/PB方法也是类似的。表面上看，资产评估和资产定价是相似的，但实际上具有本质差异。两者之间的差异主要表现在以下几个方面。

（1）服务对象不同。资产定价服务的是所有资产所有权转移的，但资产评估主要是为国有资产价值转移划拨服务的。

（2）评估准则不同。资产评估以国家发布的准则为依据，也就是财政部颁发的资产评估准则，包括概算；但资产定价服从于市场，服务于所有的资产交易和资产所有权转移。最近国资委又颁发了一个很重要的文件，明确要求了“混改”过程中的资产评估事宜。文件要求，混改中涉及价值的，需要用两种以上的评估方法。“混改”涉及所有权的转移，所以要求价值评估更准确、更接近市场，否则就可能面临国有资产流失的问题。这也从另一个角度看出，资产评估原来不涉及混改的，都是国有企业和国有企业进行交易的，那就划转了，给一个数就行了。“混改”中的资产评估新要求就是要将资产评估更向资产定价靠近。

（3）从业人员不同。资产评估有资产评估师，从事资产定价的有很多，包括财务顾问、证券分析师、CFA等，都是服务于市场的。

（4）理论上的差异。资产评估和资产定价之间最核心的区别还是在于理论上的差异。在发展出中国资产定价理论之前，我们所使用的是均衡价格理论。而资产评估是基于均衡价格论和劳动价值论，考量凝结在资产上有多少劳动，即便这个资产不值钱，也要估出价值来，不一定符合市场。如5亿元资产可能都没用，都将被淘汰，不产生价值。但资产转让记账的时候说这是5亿元，转给你了，你接收的时候（价值）就是5亿元，含有劳动价值在里面，所以，资产评估既依赖均衡价格理论，也使用劳动价值理论。

（5）资产评估方法也有差异。资产评估考虑的企业是持续经营，有一定期限来计算净现值，投资回报期都有期限，5 年、8 年还是 15 年，计算净现值也同样考虑期限问题。资产定价考虑的企业是永续经营，公司成立是永远存在的，至少评估的时候是考虑永久存在的。资产评估考虑负向溢出，即对社会的负面影响和成本；资产定价考虑的是全部正向负向溢价。

（6）目的性不同。将资产评估定性为鉴定性估值，资产定价是价值发现，所以，两者在市场上有不同的功能。鉴定性估值对于真实价值没有太大关系，给你一个价格，交易就可以了，到底真正值多少钱，双方都不太关心。资产定价的功能是价值发现，在市场上一项资产到底值多少钱，便宜了就有别人去抢购，会有竞争。国有企业之间的资产划转时，用资产评估方法就可以了，不用去发现价值；当所有权转移时就需要市场化定价方法。

前面讲的是一级市场定价。二级市场上的资产定价则另辟蹊径：风险定价。二级市场上的资产定价既不是看基本面也不是看现金流，而是属于风险定价，即以风险水平来决定价值。转移的焦点发生变化了，也代表了资产定价理论的进步。二级市场定价关注点不再是价格水平，而是价格的变化。二级市场定价关注到未来时点的价格。所以，有了风险定价以后，现代金融理论不外乎风险测度与风险定价问题。这是从二级市场来看的，但对资产定价理论的发展具有深远影响。

一级市场和二级市场之间的关联回答的都是资产价值是多少的问题，同时一级市场定价估值时折现率是由风险决定的。一级市场和二级市场资产定价上的主要区别是一级市场估值关注现在时点的价值；二级市场上风险定价确定未来时点价值和现在时点价值相比变化了多少。

图2　汪昌云教授讲座现场

## 三、中国最优风险定价模型

### （一）资本资产定价模型

马可维兹对现代资产定价理论带来了巨大的影响，被称为“现代资产定价之父”。他从威廉姆斯的《投资的价值理论》中得到启发，将资产定价从一维拓展成风险和收益两维，奠定了现在资产定价理论的基础，也就是投资学理论。马可维兹的理论权衡收益和风险，简单理解是量化了中国的两句谚语：

（1）“不入虎穴焉得虎子。”不冒风险怎么获得收益？所以收益高风险也高，获得更高收益必须承担更高的风险。

（2）“不要将鸡蛋放在一个篮子里。”测度风险是用方差和协方差的方式，如果股票市场有很多股票，要量化，计算它的方差和协方差，因为当时计算能力有限，即使用当时最先进的IBM计算机，那个年代市场大约有400多只股票，计算一次要半个多小时。夏普在马可维兹理论的基础上作出了重大突破，不需要计算方差和协方差矩阵，只要计算一个协方差就行了，就是有一个市场组合的概念。他通过这种思路把马可维兹需要半个多小时计算一遍的方差缩短到30秒以内，当然，以现在的计算水平只需要不到1秒。他提出了重要的资产定价理论，即资本资产定价模型（CAPM），提出了重要的风险测度，股票只由这一个因素来决定，这个因素就是系统性风险或贝塔，因此，CAPM是一个单因素模型。打败市场唯一的方法就是承担更多的系统性风险，另无他法。所以，资本资产定价模型在资产组合（理论）里十分重大的突破，是我们教科书里最主流的理论CAPM（资本资产定价模型），也正是因为这个理论，威廉·夏普与马可维兹分享了1995年的诺贝尔经济学奖。

20世纪50—60年代威廉·夏普和马可维兹奠定了投资学的基础。现代金融学除了投资学还有公司金融，公司金融的奠基者是20世纪50年代的莫迪格里亚尼和米勒，他们提出了“MM定理”。这实际上采用了迂回的策略或“反弹琵琶”之术，从另一个视角谈资产定价。夏普指出二级市场的资产价格高低取决于风险水平，只要测度出风险，通过风险高低来判断公司股票估值高低，MM定理则反过来问，公司价值理论到底由什么因素决定？这开创了后来公司金融理论，其实与资产定价是有内在关联的。

谈论中国股票市场定价，今天首先给出的一个结论是，CAPM中的系统性风险在中国股票市场上从来没有被定价过，CAPM在早期没用，现在也不能解释股票收益的波动。这个结论是通过很多方法和数据证明出来的。我们主要采用的是Fama - Macbeth（1973）的方法，现在很多学术文献都是用这种方法。CAPM的一个基本结论是，股票收益只和系统性风险水平相关，风险水平越高，股票的预期收益就越高。Fama和Macbeth在1973年发表的文章中，验证了资产定价模型在美国有没有用，$R_i$是某一只股票的收益，$\beta$是一只股票的系统性风险的测度，系统性风险很好测度；$\beta_i$的平方是系统性风险的平方项，考察它与预期收益之间有没有非线性关系；还有$S_i$，是说除了系统性风险之外，有没有个别的风险影响股票收益。如果CAPM有效，只有这一个因素影响，称为系统性风险。除了这个因素，其他因素到底有没有影响呢？他加了一个平方项，还有一个“个别风险”项。所以，如果CAPM成立，下面几个假设都得成立，第一，截距项应该等于零，没有其他因素解释收益；第二，$E(C1)$ 是系统性风险的系数，估计出来的是风险的价格，就是股票溢价，它应该是大于0的线性向上倾斜的关系。$E(C2)$ 是非系统性风险系数，应该等于0，没有非线性一说，它就是线性关系，与系统性风险水平线性正相关。如果有非线性关系，也不符合资本市场定价模型。还有非系统性风险不被定价，$E(C3)$ 也应该等于0，唯一 $E(C1)$ 要大于0，而且要和股权溢价大致相当，就能符合资本市场定价模型的理论。

资产定价模型在20世纪70年代以前是成立的，是非常有价值的。但70年代以后，它发生变化了，也可能市场都知道这个理论，都往这个方向操作，自然而然规律就没了，找不到这个定价理论，就失效了。所以这个理论在美国20世纪80年代以后就没用了。

新中国一开始没有股票市场，20世纪90年代才开始有股票市场，沪深两市相继建立。我们用实际二级市场交易数据作了多种验证。先用证券组合的方法，大概分了11个样本区间进行独立的验证，最近的数据是2018年12月。将样本分成11个区间，每个样本区间中，最前面的三年是组合形成期，严格按照Fama－Macbeth的方法，用三年数据估计它的 $\beta$ 值，如2000年1月—2002年12月这三年形成组合，再用2003年1月—2005年12月，称为参数估计期，另三年是检验期，检验 $\beta$ 和组合收益之间的关系，从2000年开始一直到2018年，所有的区间单个组合来看都不显著，$C1$ 是系统性风险系数，$C0$ 和 $C1$，不管看哪个，这两个都不显著，说明单个系统性风险和收益之间没关系。从组合的方法来估计，CAMP在中国没有收益和风险水平的正相关关系，CAPM在中国股票市场中不成立。

看个股层面，把市场上所有个股都估计出它的 $\beta$ 值，估计出它的 $\beta$ 平方和非系统性水平，进行截面回归。个股层面就有点意思了，看单变量回归也没有，$\beta$ 和系统性风险水平也没关系。第二和第三个模型就不一样了，第二个模型讲系统性风险系数是正的，如果单独看它是什么意思，系统性风险水平和股票收益之间呈正相关关系，高风险就是高收益，那就和资本市场的模型是一致的。要看平方项是负的，而且是显著的，把三个变量放在一起，也是一样，第一个系统性风险水平系数是大于 0 的，第二个系数 $C2$ 是负的，$C3$ 也是小于 0，也是负的。除了 $C1$ 的系数是高风险、高收益之外，还看到 $C3$ 也很奇怪，$C3$ 是承担非系统性风险越高，收益越低，在中国市场，不但不给你补偿还惩罚你。

最核心的是第二项系数是负的，系统性风险和股票收益之间呈负相关关系。总结它的含义与收益关系，单独看 $\beta$ 和收益率的关系，无论是组合还是个股层面，用 Fama – Macbeth 进行回归，CAPM（资产定价模型）在 A 股市场从来没有获得实证证据支持。个股层面要加入系统性风险二次项和非系统性风险，系统性风险的系数显著为正，二次项/平方项和非系统性风险系数显著为负值，这有两个含义：第一，表明 $\beta$ 和收益之间的“倒 V”形关系，随着 $\beta$ 系数风险水平的升高，收益上升。过了某一个点之后，$\beta$ 再高收益就会下降。这两个放在一起会发现，如果抽掉平方项，这个不显著是很正常的，因为 $\beta$ 和收益之间呈“倒 V”形关系，正好两侧都抵消掉了。

这并不表明资产定价模型在中国股票市场上有效。因为资产定价模型首先只与系统性风险水平有关系，还与平方项有关系，这不符合资产定价模型原始理论。除此之外，还有个非系统性风险或者负的溢价，这在中国称为异质波动性之谜，承担了风险，为什么收益是负的，为什么市场要作出惩罚？在中国市场，很多学者也发现了这个问题。不管怎么样，资产定价理论在中国市场没有用。

中国市场和美国市场是一样的，确确实实存在规模效应。股票获得收益高低与公司市值大小有关系，小规模的公司获得高收益，大市值的公司获得低收益。根据我们检验出来的结果，大公司和小公司的收益确实存在差异。买入小公司组合的股票，同时卖空大公司组合的股票，获得的差额收益在每个月最高能达到1.81%，年化率是22%，这个数据也是2000年1月—2018年12月的数据，非常显著。中国市场上有规模效应，中国市场规模效应的FM回归，大公司收益的确比小公司收益来得低，所以，中国市场上以前很多股神都是买规模小的快要破产的垃圾股，能获得较高收益。

价值效应是越追逐好公司越获得不了高收益，一看这个公司不行，半死不活，快重组，快倒闭了，快ST或已经ST的公司，它给你带来的收益反而很高。这总体和美国的发现也是类似的。价值公司称为BM值，就是净市率，就是每股净资产/每股价格。中国确实存在价值效应，就是BM值较高的公司带来的收益比BM值较低的公司来得高，高BM值的公司称为成长型股票，成长型股票跑不赢价值型股票，这在美国早就证明了，在中国也同样成立。换句话说，买高净值率的，买价值型的股票同时卖空成长型股票，作个零投资组合，它大概能带给你年化5%的收益，18年的时间，这和美国一样是价值投资效应。追逐成长股总体是负收益。负收益当然有很多原因，因为你买的不对，卖的也不对，最核心的和股票特征也有关系，和规模有关系，和BM值有关系，你买的都是追逐热点的、高成长的，都涨完了你才接棒的，这样你的收益才比较差。

中国上市公司由于系统性风险，不被定价，但和美国一样，股票市场中存在规模效应和价值效应。

### （二）多因素资产定价模型

（1）FF三因素模型

1993年发表的三因素模型非常重要，宣告资本资产定价模型在美国没有用了。提出了一个新的风险定价模型，也称为“风险定价”，新古典经济学以后的资产定价模型都叫作风险定价模型，首先要测度风险，这个风险如何定价，要把它证明出来。所以，Fama 和 French 的模型简称三因素模型，而且这三因素在全世界所有市场上都被证明是有用的，在中国市场上也证明了，中国最优的模型也是三因素模型。

股票收益由三个风险因素决定：一是大盘因素，称为市场组合；二是 SMB 规模因素，它是一个风险因素，每个月甚至每天都能构造出一个观察指数来代表风险因素；三是价值因素 HML。这就是将规模效应和价值效应用一种方法提炼出风险因子，这个风险因子能解释所有股票的收益波动。

2004 年我在美国学术期刊发表了一篇最早验证中国三因素模型的文章，证明了在中国三因素模型有没有用。计算方法也沿用了 Fama 和 French 的方法，研究的样本选用的是 1994 年 7 月—2001 年 6 月沪深两个市场所有个股。组合构造方法与原始方法都是一致的，只不过中国有些特例，如无风险收益率的选择。早期 Fama 和 French 是按照规模和净市率将所有股票分为 5 组，5×5 的组合，先按规模分为 5 个组合，按 BM 值分为 5 个组合，交叉形成 25 个组合。20 世纪 90 年代中国上市的股票数量太少了，无法实施，我分了 6 个组合，一是按照规模大小；二是按照净值率的高低 2×3 =6 个组合。结果证明，三因素模型在 20 世纪 90 年代对中国沪深两市都有很强的解释力，解释力不低于美国。无论是欧洲发达国家还是新兴市场，包括中国，都证明 Fama 和 French 的模型均适用。

数据更新以后，2000 年 1 月—2018 年 12 月，完全采用 Fama 和 French 的方法在中国市场普遍使用。三因素模型解释股票收益变化的解释力度，最强的解释是 98%，我这个最低的能解释 86% 的收益变化，在中国市场上，新的数据的解释力度比早期的稍微低一点，但也很可观，绝大部分在 90% 以上。与 Fama 和 French 的结果相比，用美国的数据得出的结果，有的略微低一点，有的略微高一点，存在差异，大概水平用肉眼判断没有明显差异，也就是对收益有很强的解释力。三因素模型在中国和在美国对股票收益的解释力都没有显著差异，都同样有效。

（2）四因素模型

四因素模型由Fama和French的学生Carhart提出，其背景是三因素模型在美国股票对所有的现象都能解释，唯独对一个现象没有解释力，这就是收益的动能现象，即股票价格涨跌存在一个动能，过去涨得好的股票未来还会涨，过去跌的股票未来还会跌。在美国，发现在一年之内这个现象都成立，有些是6个月到一年，过去6个月涨得好的股票未来6个月还会涨的概率很高，这叫作收益动能。Fama和French的三因素模型能解释所有其他金融市场异象，除收益动能外。Carhart认为加一个解释动能的因子三因素模型就完美了。所以，四因素模型是在Fama和French的三因素模型基础上加上动量因子，提高了模型截面收益解释力，用三因素模型改造出来就得到这个四因素模型。

在中国市场上，那个额外因素在美国有效，但是动量因子在中国无效，这个Momentum在中国是负的，不显著。要加一个这样的因素进去，与三因素相比，四因素没有增加额外的解释能力，对组合风险收益的解释，将动能因子加进去和没加进去没有差异，怎么验证都是没有用的。这是因为中国股票市场不存在动量效应。

发现在某些情况下收益动能是存在的，就是把成交量区分开。我早期也研究过，用中国股票市场20世纪90年代的数据，发现中国没有动能效应，在发达国家尤其是欧洲市场都有，欧洲市场只有瑞典没有，其他国家都存在比较明显的收益动能，与美国市场的情况相类似。中国市场没有，我在2004年发表的一篇英文文章中证明了中国市场不存在收益动能，也就是过去6个月涨得好的股票未来6个月是跌的，不是涨的，我们称它为“收益反转”，这是很明显的收益反转。我在2004年发表的文章中提到“形成期24个月和持有期9个月的动能投资策略的收益率绝对值最高，达到1.85%，相当于年化收益-22%”。中国市场不仅没有动能效应，过去涨得好的股票，中短期内会发生反转，最终都不能持续下去。

（3）“中国三因子”模型

“中国三因子”模型，是由两位中国学者和一位美国学者于2019年提出的。该模型结合中国的实际，将美国的三因子模型进行改进，他们认为中国规模较小的公司往往是壳资源，公司的估值很复杂，所以将它们去掉。经过调整，提出了中国的三因素模型，认为比Fama和French的三因子模型都好，我们用2000—2018年的数据进行检验，得出的结果表明，其对收益的解释力并不比Fama和French的三因素模型要好。

（4）五因素模型

2015年，Fama和French发表了一篇文章叫作“五因素模型”，Fama和French只研究美国市场，不会研究其他市场。五因素模型是在原来三因素模型的基础上扩展为五因素模型，一是加上RMW：盈利因子，盈利因子的构造和其他因子构造相类似，把盈利比较好的用ROA来衡量，ROA高的公司就是Robust，ROA低的公司定义为Weak，其盈利因子是买入ROA公司的股票同时卖出ROA低的股票所得到的收益差。还有一个CMA，就是投资因子，今年和上年投资额的变化，既包括新增投资，又包括改造类资本支出，他把定价因子称作Conservative - Aggressive，即买入保守股票组合、卖出激进股票组合得到的收益差。激进公司的投资多，保守公司的投资少。投资少的股票收益减掉投资多这个组合的股票收益的收益差叫作投资因子。

在美国，确实这两个因子都成立，这两个因子加上原来三个因子，对美国股票的解释力的确提高了，但是中国盈利因子的表现与美国是相反的，ROA高的公司反而收益是低的，ROA低的公司收益反而是高的，所以买入盈利高公司的股票卖出盈利低公司的股票得到的收益差是负的，这个结果不但与我们的直觉相反，而且与美国的证据相反。投资因子的表现倒是和美国一样，投资越多的公司，其收益越差，这个公司投资得越激进，该公司的未来股票表现越差。

### （三）中国最优风险定价模型

在这些模型中，采用GS的t检验，t值越小，模型的表现就越好、越优秀；在检验过程中股票组合的划分按不同的标准来，构造以体现检验结果的稳健性，共有6种方法，如既有规模－BM构造组合，又有按ROA构造的组合，还有按Inv投资水平来构造组合。无论用哪一种组合构造方法，我只看t－test，t值越低，模型越有效。采用三因素模型时，Size－Inv组合的t值最小，用五因素模型时，有三个组合方法中t值都是最小的，三因素＋投资因素中只有Size－ROA组合方法的t值最低。总体来讲，虽然在不同组合检验中五因素模型的t值为最小值的略多余三因素模型的，但看t值的大小，三因素模型和五因素模型并没有显著的差异。

因素定价模型在中国，除了四因素和所谓“中国三因素”模型之外，每个模型都有自身优势，每个都有红值（最小值），表明在解释这类组合收益变化时解释力最强，但盈利因子在中国不好解释，是反的，既是反直觉，又与美国的证据相反。

中国股票定价最优的模型依然是三因素模型。五因素模型复杂程度要大很多，比三因子模型多出两个因子，而且有一个因子在中国是反直觉的，与美国不一样，从GS的t值大小看三因素模型和五因素模型并没有很大的差异。从实用角度看，模型越简单越好，越简单越实用。因此，到目前为止，三因素模型足够解释中国股票收益的变化，当然不排除以后会有新的变化和新的发展。

（本文由汪昌云教授于2019年11月12日在人大重阳“新中国70周年”主题系列讲座中的演讲整理而成。）

# 智库史7000年？700年？70年？新型智库“七年之痒”？

王　文*

自2013年年初习近平总书记就“中国特色新型智库”建设首次作出重要批示，当年秋天党的十八届三中全会将该词首次写入中央全面深化改革的顶层设计文件，至今已是第七个年头。借用生活、婚姻中经常提到“七年之痒”的说法，一件事情、一种关系进入第七年，往往容易出现平淡、倦怠期，不得不经历重大考验。有一种说法是，这主要源于人的细胞平均七年就会完成一次整体的新陈代谢。从这个角度看，中国特色新型智库建设的“七年之痒”，既有其发展规律所在，又折射了再次焕发生机的可能性。

目前已有不少研究评估近年来中国特色新型智库的发展现状，认为智库建设进入了“下半场”。[1]但笔者认为，我们应以更长远的眼光分阶段地、综合性地评估智库发展进程以及展望未来突破的空间与潜力。换句话说，这七年来中国特色新型智库建设的进展，是基于智库与政府、社会、国际社会互动而四者并行的，发展水平当然也会受限于政府改革、社会思潮与国际形势。对于中国而言，智库仍属于新生事物，评估智库需要有更全面的视角与更持久的耐心。

本文认为，中国特色新型智库建设进入第七年之际，面临仍无法与全

---

* 王文，中国人民大学重阳金融研究院执行院长、丝路学院副院长。该文根据演讲内容成文，刊于《智库理论与实践》2019年第6期，标题为《新型智库的“七年之痒”》。

球第二大经济体中国国力相匹配的思想创新、社会美誉、全球影响与人才孕育等四大“七年之痒”。这些“痒”给智库从业者以巨大压力。显然，几年来的“智库热”将会出现较长时间的冷却期。唯有在主体、认识与运营上出现三场“革命”式的智库变革，中国特色新型智库才可能屹立于全球智库之林，成长为“百年老店”的金字招牌，真正助力国家崛起与民族复兴。

**图 1　王文院长在人大重阳“新中国 70 周年”主题系列讲座中作演讲**

## 一、何谓智库的“七年之痒”

按照《汉语大字典》的解释，“痒”字，既有痈疮病症之意，又有某些难以抑制的强烈愿望之意，如痒处、痒酥酥等。[2] 由此可见，所谓智库的“七年之痒”，是指经过七年左右的建设，智库已成为中国决策链条中必不可少的环节，从笔者近年来年均上百次受邀参加相关决策机构的咨询会的经验看，各方对智库产生了前所未有的高要求、高标准与高期待。要满足各方需求，智库从业者的挑战与压力非常大。

一是日益综合多元的现实难题决定了决策层需要征求智库的专业意

见。在互联网2.0时代，中国社会各个组成部分已深度互嵌为一体，任何重大问题的决策都有可能牵一发而动全身。

一个科学决策的过程需要有充分的前期调研、严谨的中期论证、全面的后期检验，此时，不只是学院派学者，优秀企业家、社会活动人士、领衔行业人士、活跃媒体人士实际上都在扮演广义上的智库角色，为政府的决策提供专业意见。从笔者的实践经验来看，越来越多的部委咨询会愿意邀请方方面面的人士，倾听不同领域就同一个问题的专业意见，尤其是那些不为人知的角度与案例，只有这样，政府才能尽可能地避免决策偏差与不必要的政策失误。此时，智库学者更应该是在某个领域的深度探秘者。

二是网络时代纷繁复杂的舆情决定了决策层需要强化与智库的互动。当下，在中国，几乎没有任何一个重大决策话题能够逃出网民关注与网络热议。8亿中国网民，几乎覆盖了所有具有民事行为能力的老百姓，人人拥有智能手机，微信朋友圈、微博、公众号等自媒体工具使得每一个普通民众都有对决策的评论权甚至干预力。

中国不能像政治极化、党争恶化的美国那样，对改革对象久拖不决，而是需要有更多方方面面的智库专家，发挥各自专长，向决策者提供更充分与全面的咨询建议，以便决策者能够站在广大群众的公共利益角度，以最大公约数的办法，推动政策的出台、执行并见效。智库如何了解社会实情，进而向决策层建言；如何直面大众意见，进而引导社会舆论，变得异常重要。此时，智库学者更应该站在中间位置，充当政府与社会的真诚沟通者。

三是竞争激烈残酷的大国博弈决定了决策层需要智库对外沟通，讲述中国故事，释放中国声音。当今世界正处在前未有过之大变局，中国前所未有地走近了世界舞台的中心，中华民族伟大复兴到了前所未有的临近时刻，国际变量与中国的互动也出现了前所未有的频繁态势。政府对智库的要求是，思维不只是要统揽国内国外两个大局，更要立足于提升中国的国际话语权，进行全球对话。

一个顶级的智库需要有全球组织力、国际话语权、世界人脉库。[3]只有站在全球层面上思考与互动，才能为中国参与并引领全球治理、为国家深化改革，营造有利的国外环境。此时，智库学者更应该像一个行走世界的公共外交者。

2013年以来的中国特色新型智库建设进程，直面不断深化的现实多元性、舆情复杂性、大国博弈性，在新时代的中国特色社会主义事业发展中发挥了越来越重要的作用。然而，七年左右，各方对一些掩饰不住的强烈愿望(“痒”)正朝着中国特色新型智库迎面扑来。

思想创新之“痒”。尽管2013年以来中国新建了许多官方智库、高校智库、企业智库、媒体智库，但尚缺少相应的超时代智库建言思想。到底什么是“前所未有之大变局”？“历史终结论”30周年，历史是否在重新开始？在大变局下，中国应当采取怎样的大战略？“新时代”到底意味着什么？当下的改革到底遇到了什么样的障碍？需要怎样的政策改良，才能撬动中国各级机构的改革热情与执行效率？2020年要完成的“三大攻坚战”（防范化解重大风险、精准脱贫与污染防治），如何才能有效结合统一地完成？

2018年中央经济工作会议确定了“六稳”，如何才能可持续性地实现？“一带一路”、京津冀、长江经济带、粤港澳大湾区等战略布局之间如何有效协调与统一？有太多的议题需要智库去解答并提供前瞻性的思考。虽然近年来不少领衔智库的研究成果频频获得了决策层的频繁指示与肯定，但从主流来看，中国智库仍然重于阐释，缺乏足够的对政策突破有推动力的优质思想产品，少有能让决策者有重大启发与修正意义的战略建议，更缺乏经得起历史沉淀的思想作品问世。我有些担心，未来史书叙述21世纪第二个十年的中国思想史时，肯定会惊叹我们建立了许多“思想坦克”(Think Tank)，却震惊于这个时代的思想贫瘠。

社会美誉之“痒”。目前中国智库越来越重视通过媒体在社会发声，但智库学者的集体美誉度还有待提升。近年来，不少智库都建立了中英文官网与新媒体公众号，发布本智库的观点与活动消息。凡有重大事件或主场外交活动时，媒体就会频繁采访智库学者。

个别学者成了网红，拥有大量读者、听众与粉丝。然而，广大群众对智库的认识仍存在两大严重的误区：一是神化，认为智库学者就是中央智囊，知天晓地，直通天庭，指点江山，雄论天下；二是矮化，认为智库学者多是“砖家”，巧舌如簧，忽悠民众，胡说八道，招摇撞骗。相比之下，外国学者在民众中的公信力与水平显得更强，尽管实际可能未必如此。也正因为中国学者的美誉度不足，在诸多重大事件点评时，权威中央媒体往往倾向于采访外国学者。同样对中国发展的肯定，外国学者更容易被民众接受；同样是对中国不足的批判，外国学者更容易受到决策层的重视。由此可知，如何建立学者的社会公信力与美誉度，既考验智库学者行业本身的能力、远见与修为，又考验决策者、社会思潮的文化包容。

全球影响之“痒”。近年来，中国智库“走出去”的步伐加快，承办了大量双边二轨智库对话，也在国内外举办了大量带有宣讲与介绍中国意味的国际研讨会，但中国智库仍须提升全球感召力与话语塑造力。我所在的中国人民大学重阳金融研究院曾是G20杭州峰会的共同牵头智库，曾推进多轮中美、中俄、中国巴西、中国伊朗、中国土耳其、中国尼泊尔等智库对话，还曾调研近百国，每年都会受邀参加达沃斯论坛、香格里拉对话、瓦尔代俱乐部等多个顶级国际论坛并发言，深切感受到国际社会存在浓烈的“中国交流饥渴症”，希望听到中国声音。

然而，放眼全国，能流利地用外文讲好中国故事并令对方信服的中国智库学者并不多，具有全球号召力且让外界愿意听进去的中国学者更是少之又少，这直接导致在顶级国际论坛上接受发言邀请的中国学者数量相对不足。另外，在国内主办的各种论坛中仍存在官僚主义与形式主义太重、交流互动太少、思想含量太低等弊病，导致中国的全球影响力并未能得到全面释放。政府已开始善用智库向国际发声，这是值得肯定的。

但是，如何进一步推动外事制度改革，如何让智库的全球组织力进一步发挥，成为当前新型智库"全球影响之痒"提质增效的关键。如何提升智库学者自身语言表达与理论阐释能力，既能解外国想了解中国之"渴"，又能救国内对外释放声音之"急"，是当前智库学者"全球影响之痒"转型升级的重心。尤其是在中美经贸摩擦加剧且中美关系极有可能进一步恶化时，中国智库勇夺国际话语权比任何时候都显得更加重要。

人才孕育之"痒"。在全面深化改革的这几年，有数位官方智库学者或高校主要负责人到政府部门担任要职，颇有种"中国旋转门"的味道，但政府与智库的人才交流仍然偏少。如"旋转门"概念提出者理查德·哈斯指出，"智库应发挥两大人才功能，一是作为天资聪颖的政府官员的来源地，二是成为那些希望吸引新思想或暂时离开政府部门人员的暂居地"。[4]让个别官员回流智库休养储备，或让智库学者"出世"担任政府官员，本应是两者互动的常态。但在当下中国，所谓"推动党政机关与智库之间人才有序流动，推荐智库专家到党政部门挂职任职的"[5]制度设计，落实与推进仍然相当困难。在智库内部，具有一名优秀领导才能且具有公共服务精神、规则遵从意识等特质的学者并不多。优秀学者通常以自由思想、独立精神为傲，缺少必要的基层锻炼与行政经验。在政府内部，被派到智库工作通常被视为"被贬"或"退居二线"，"学而优则仕"是中国人的升迁传统，"仕而久则学"却是短期内难以普及的社会观念。从这个角度看，智库"孕才"功能是否能够发挥，最终还是取决于整个国家治理现代化的过程。新型智库是否成规模、制度化地出现中国特色的"旋转门"，还有待更长的时间观察与更有效的改革尝试。在这个方面，人事部门的敢为人先、大胆尝试，显得十分重要。

## 二、中国“智库热”在降温

拙著《伐谋：中国智库影响世界之道》中充分论述过智库的四大功能目标：“咨政、启民、伐谋、孕才”，[6]这与中办、国办印发的《关于加强中国特色新型智库的意见》（以下简称《意见》）中提出的智库功能与目标是一致的，即“统筹推进党政部门、社科院、党校行政学院、高校、军队、科研院所和企业、社会智库协调发展，形成定位明晰、特色鲜明、规模适度、布局合理的中国特色新型智库体系，重点建设一批具有较大影响力和国际知名度的高端智库，造就一支坚持正确政治方向、德才兼备、富于创新精神的公共政策研究和决策咨询队伍，建立一套治理完善、充满活力、监管有力的智库管理体制和运行机制，充分发挥中国特色新型智库咨政建言、理论创新、舆论引导、社会服务、公共外交等重要功能”。

唯一有疑问的是，《意见》中的总体目标实现的日期是“到2020年”，这多少令人觉得有些乐观，或预期过高。

新型智库的“七年之痒”，实际上折射了智库建设的不易与曲折。即使在智库产业较发达的美国，20世纪30年代以及当前特朗普执政期，智库发展都受到重大的挫折。[7]当前，“智库热”已开始降温，越来越多的人（如大学管理者、企业捐赠人、社会舆论）已认识到智库建设应具有的综合性与长期性，而政府层面也对智库的作用与定位有了更全面的认知。

换句话说，中国特色新型智库建设了七年，人们已经发现，全面深化改革并非易事，智库建言也不能完全解决问题，于是，改革设立目标与智库自有能力之间正在达成某种“和解”，即“应然”的理想状态，回到“实然”的现实状态，这与婚姻“七年之痒”后许多人会放弃浪漫主义、回归生活务实主义有类似之处。

如何处理与政府的关系，智库往往很容易在上文所述的真诚沟通者、深度探秘者、公共外交者之间选择一者来当，难在三者兼得。因为三种身份扮演能力的优异程度，尤其是能否恰当把握这三个角色的“时、度、效”，直接决定了智库对决策层的影响力大小。

所谓“时”，是指智库对内建言与对外发声的恰当时间点。一份好的内参，一定是最及时的那份，不能太早，也不能太晚。太早了，决策层不需要；太晚了，许多人早已建言过了。同样，智库对社会发声也是如此，需要在恰当的时机对社会公众恰当地表达决策者需要的恰当的内容。在这一方面，智库的敏感性、前瞻性、文字力都非常重要。

以 2018 年中国四大主场外交来说，4 月博鳌论坛、6 月上海合作组织峰会、9 月中非合作论坛、11 月中国国际进口博览会，都需要智库大量的政策建议与舆论引导，前者一般需要提前一到两个月上报，后者则需要在事件发生的一周前后上报。如果错过这些最佳时间点，智库对决策层、对社会的影响力都会大打折扣。

所谓“度”，是指智库研究“探密”的深度与广度。在许多时候，智库需要一头扎下去，了解到决策者所看不到的事情本质，还要以“脚底板精神”做学问，触及决策者所不能亲历的事件现场。以“一带一路”研究为例，该倡议提出六年来，[10] 数以百万计的研究报告、媒体评论与新闻报道出现，但多数都是浅尝辄止或泛泛而谈，其主要原因是缺乏大量深入“一带一路”沿线国家尤其是“一带一路”项目本身的调查研究。那些深入所在国的调研报告，往往会产生最有说服力的决策咨询效果。

所谓“效”，是指智库要有能让受众接受的叙述效果。无论是决策者，还是社会公众，或者国际友人，都是智库成果（包括内参、公开评论、国际演讲等）的受众。好的效果是检验智库影响力的唯一指标。得到批示，未必就是好的内参；批示被执行，且促使政策执行效果良好，才算是好内参。不是在大众传媒上发表文章，就算是引导舆论；只有让公众内心接受且广为传播，并有助于政策推进，才能算是好的舆论引导，否则就是误导与添乱。

不是能到国外去参加论坛或发表外文文章，就是好的公共外交；只有让国际受众觉得有道理，增加对中国的好感，才算是助力中国外交。

做到上佳的“时、度、效”是相当困难的。即便像基辛格那样在国际舞台与美国政界活跃六七十年的资深人士，也未必做到每件重大国际事件都能发挥重大影响力。但顶级的智库学者，是研究圈金字塔尖“最亮的明珠”。唯有孜孜以求，才能不断成就优秀智库学者的家国抱负。

目标太高，往往是功能分化的开始。近年来，不少新型智库都有能力得批示、发评论、搞外宣，于是人们对这些方面便会出现“审美疲劳”与兴奋感不足，现有的智库“存量”便会出现不可避免的分流。一些“假智库”会现原形、被淘汰或出现低质量发展的迹象，如“会库”（以爱办论坛、研讨会为乐而掩饰本机构的思想贫瘠）、“私库”（以“智库”为名搞小圈子文化）、“呆库”（出现低层次的研究重复、学人之间的自娱自乐）等频频出现。

近年来，我不止一次看到某猎头公司、咨询机构在自我宣传时，都标榜自己是“著名智库”。同样，目前一些智库由于经费压力，开始商业运营，甚至权力“寻租”。

这是对“智库”名称的盗用、污名，与两办文件中明确标明的智库“服务于党和政府”“以战略问题和公共政策为主要研究对象”“非营利”等三个较为严格和明确的属性明显不符。

还存在一些“研究型艺人”和自称“大师”的假智库现象。他们有的装出高冷和深不可测的样子，对外半遮半掩地宣称与某某高层很熟，为其高参云云；有的则以写畅销书、媒体曝光、公开演讲为主要手段，语不惊人死不休，常以国家危机、某国阴谋等关键词抓人眼球。这些假智库现象是需要抵制的。

与将“智库”视为有利可图的工具不同，一些优秀学术学者会选择离开智库管理岗位，重新回归学术与书斋，或离开智库界从事其他行业。从事智库行业是一项快节奏的工作，远不如学术研究更自如；智库研究的待遇不算高，远不如商业机构更诱人。

在“假智库”受鄙视与淘汰、学术学者离开的背景下，一批“真”智库会渐渐脱颖而出。中国自古以来就不乏大量为国效力、为民请命、出世情怀浓厚的知识分子。他们继承了具有“学得文武艺，货与帝王家”“穷则独善其身，达则兼济天下”的士大夫传统情结，很纯粹地钻研于现实与政策的解决方案，游走在各国论坛与公共平台之上，[9]指点江山，激扬文字，虽然这样的优秀智库学者不多，但却凝结了“真”智库的价值观精华，也将带动较长时期的“去伪存真”“去粗取精”智库优化进程。

图2　王文院长讲座现场

## 三、中国智库业呼唤三场新革命

新型智库“七年之痒”提醒所有智库从业者、智库服务对象（决策者、社会公众）、智库评介与研究者，需要长时段地思考新型智库的发展与未来。新型智库的建设，不是一两年的事情，更非一朝一夕就能建成，而是与整体的国家现代化进程密切相关。如果说中国崛起是一条具有“持久战”性质的“新长征路”的话，那么，中国特色新型智库建设的进程也是一条“新长征路”。

我曾撰文指出，决策部门应善待、善管、善用智库，而智库学者本身的知识储备、国际视野、外语能力、智商情商等也急需改善。

这包括（但不限于）决策敏感性，即考验智库学者对决策进程的追踪与感知度；社会调研力，即考验智库学者深入社会实践并得出实践问题解决方案的研究与洞察力；个人美誉度，即考验智库学者长期保持在决策层与社会舆论中的美誉度。对此，基于过去七年的观察，当下的中国智库业还需要三场新革命。

一是主体革命。中国特色新型智库须选拔更多其他行业的人才进入智库界工作。目前，中国智库的从业人员过于依赖从高校学院出来的学术人才，这远远满足不了智库本应具有的对外传播、政府关系、公共事务、国际交往等功能。据美国学者塔里·特洛（Teri Troy）统计，过去半个世纪，美国新建智库全职人员中学历标准日益下降。20 世纪 60 年代之前建立的智库中，53% 的雇员拥有博士学位；20 世纪 60—80 年代建立的智库中，仅有 23% 的雇员拥有博士学位；而在 1980 年之后建立的智库中，只有 13% 的雇员接受过最高学历教育。

这反映了美国智库新趋势，即突出“行动库”（Do Tank）与“思想库”（Think Tank）的双重特性。为了更好地突出“行动性”，智库人才应不拘泥于博士学位的学术人才，也应该重点关注学术界之外的人才引进，如媒体、公司、非政府组织等。[11] 在美国，智库人才的竞争正面临咨询公司、律师事务所、游说团体和新闻媒体的竞争威胁。在中国，这种人才竞争的现象也在发生。哪家智库能获得更多各行各业的人才，就能获得更长足的发展。

二是认识革命。中国特色新型智库须立足于中国实践来认识智库本质。以目前的中国体制特征，中国智库不是“第五权”，不可能成为制衡政府的权力端，而是将其务实地设立在整个政策决策链“内生环”，安于应有的前期调研、中期设计、后期评估的“本分”位置。中国智库也不可能具有美国智库界所宣传的“独立性”。

事实上，即使在美国，多数学者也认为，智库的独立性是相对的，“因为它们不能在保持绝对独立的同时又影响政策”。保持相对独立（如法律主体的独立、财政收入的独立与学术方法的独立）是有可能的。中国智库学者也需要在研究方法、论证过程中力求原创与自主，但在政治立场、生存方式、人事机制、资金来源上很难做到所谓“独立”。事实上，近年来美国政治与社会运行充分暴露出，所谓“智库独立性”更多的是一种理念状态，[12]甚至是“神话”或“谎言”。中国智库未来发展的政治定位更要时刻警惕美国智库的“党派”“筹款”与意识形态化等政治陷阱。认识到“智库”在中国政治体制中的合理位置，中国特色新型智库建设取得突破性进展，才有真正的可能。

三是方法革命。中国特色新型智库须基于新时代特征进行机构运营的方法创新。基于对欧美智库经验的分析，在运营方法上，中国智库要进行产业化、专业化与职业化“三重转型升级”，即将智库视为一种常态的、聘用制的社会职业；选用专门人才从事智库内不同的工种，以及将智库运作进一步流程化、产品化的框架设计。

以美国智库为例，布鲁金斯学会在市场推广方面的经费约占 20%，而传统基金会在这方面的预算则高达 40%，有时甚至超过 50%。在研究方法上，智库研究与学术研究有较大差别，[13]中国智库研究的选题不能只来自学术文献，还要来自日常实践；论述方式不能过于学术晦涩，而要通俗易懂；行文用词不能过于学术用语，而要讲求政策用语；结论综述不能空泛宏观，而应讲求政策可执行性。在技术运用方法上，中国智库也要敢于和善于运用网络、新媒体与大数据、云等，构建中国特色的数据库，运用中国思维与实践特征，重新建构国际话语中的中国故事。

党的十九大报告中唯一一处提到“中国特色新型智库”的是在第七部分“坚定文化自信，推动社会主义文化繁荣兴盛”的第一点“牢牢掌握意识形态工作领导权”内容板块，其中讲道：“深化马克思主义理论研究和建设，加快构建中国特色哲学社会科学，加强中国特色新型智库建设”[14]。由此可见，中国特色新型智库的建设，与中国的“文化自信”与“理论自信”密不可分。智库在中国对内全面深化改革与对外深度参与探索全球治理进程中的作用与地位越来越重要。唯有不断革新，才能在愈渐复杂的背景下走出一条独特的中国特色智库创新之路。[15]

## 四、结　论

用新型智库“七年之痒”的说法，并不是否定中国特色新型智库建设的成绩，恰恰相反，是在充分肯定过去七年来取得的相当不容易的进展。[16]无论从数量还是从影响看，中国特色新型智库的建设在推进并颇有一些成效，是公认的事实。然而，智库建设不是一劳永逸的工程，也不是决出你赢我输的竞赛，而是永远没有终点的马拉松赛跑，将伴随着国家治理现代化与民族复兴的始终。

对于学人而言，中国特色新型智库建设给予了实现报国理想的好时机与好平台；对于政府而言，中国特色新型智库建设拓展了改革与开放的范畴与助力；对于社会而言，中国特色新型智库建设塑造民众了解决策的更多信息与路径；对于世界而言，中国特色新型智库提供了中外互动的平台与渠道。但是，七年的时间还远远不够，什么样的智库才有“中国特色”?[17]怎样的智库才够“新型”？“智库”的标准有哪些?[18]这些都有赖于智库与政府、社会与世界的继续互动，且经验仍在积累中。随着全球化进入新阶段，这种经验的积累仍有尚需反刍与咀嚼之处。但无论如何，用“七年之痒”式的方式进行阶段性评估，对中国特色新型智库未来的建设肯定不是坏事。

**参考文献：**

[1]李刚.创新机制、重心下移、嵌入决策过程：中国特色新型智库建设的“下半场”[J].图书馆论坛，2019(3)：29－34；王辉耀，苗绿.中国智库建设现状、问题及建议[J].情报工程，2018(4)25－33；胡薇.中国高校智库的建设与发展研究[J].重庆大学学报，2018(5).

[2]汉语大辞典[M].北京：崇文书局，2018：1394.

[3]王文.“伐谋”，智库必须有的对外功能[J].对外传播，2014(9).

[4]Richard N. Haass，Think tanks and U. S. Foreign Policy：A Policy－Maker' sPerspective[J]. *U. S. Foreign Policy Agenda* 7，no. 3（November 2002)：7.

[5]资料来源：中共中央办公厅、国务院办公厅印发《关于加强中国特色新型智库建设的意见》，中央政府门户网站，2015年1月20日，http://www.gov.cn/xinwen/2015－01/20/content_2807126.htm。

[6]王文.伐谋：中国智库影响世界之道[N].北京：人民出版社，2017.

[7][美]詹姆斯·麦甘.第五阶层：智库·公共政策·治理[M].李海东，译.北京：中国青年出版社，2018：250.

[8]王文.抵制假智库，帮助弱智库，提携好智库[J].科学与管理，2017(4).

[9]王文.强国长征路：百国调研归来看中华复兴与世界未来[M].北京：中共中央党校出版社，2019.

[10]王文.政府应善用、善管和善待智库[J].对外传播，2014(10).

[11] Teri Troy，Devaluing the Think Tank[J]. *National Affairs*，2012(10)：77.

[12] Alejandro Chafuen，Think Tanks in America：Occupying a Unique Space，[J]. *Forbes*，*April*，2013(10).

[13][美]安德鲁·里奇．智库、公共政策和专家治策的政治学[M]．潘羽辉，译．上海：上海社会科学院出版社，2010：12.

[14][美]詹姆斯·麦甘．第五阶层：智库·公共政策·治理[M]．李海东，译．北京：中国青年出版社，2018：5.

[15]王海明．从美国大选回看美国智库的政治化[J]．国际经济评论，2016(6)．

[16]吴育良．国外智库信息服务的分析及启示[J]．情报杂志，2015(2)：190.

[17] Teri Troy. Devaluing the Think Tank [J]. *National Affairs*, 2012(10)：77.

[18]王文．论学术与智库的异同[J]．智库理论与实践，2017(2)．

（本文为王文院长于2019年11月14日在人大重阳“新中国70周年”主题系列讲座中的演讲内容，学术版论文刊发于《智库理论与实践》2019年第6期。）

# 附　录：中国人民大学重阳金融研究院研究成果书系

## 一、智库新锐作品系列

百年变局．王文、贾晋京、刘玉书、王鹏 著．北京师范大学出版社．2020年5月

数字中国：区块链、智能革命与国家治理的未来．王文、刘玉书 著．中信出版集团．2020 年 3 月

## 二、智库作品系列

探讨中国发展之路：吴晓求对话九位国际顶级专家．吴晓求 等著 王文 主持．中国经济出版社．2020 年 6 月

货币主权：金融强国之基石．王文 周洛华 等著．中国金融出版社．2020 年 5 月

开启亚欧新时代：中俄智库联合研究两国共同复兴的新增量．王文、[俄] 谢尔盖・格拉济耶夫 主编．人民出版社．2019 年 11 月

大金融时代——走向金融强国之路．王文 贾晋京 卞永祖等 著．人民出版社．2019 年 10 月

中国改革开放 40 年与中国金融学科发展．吴晓求 主编．中国经济出

版社 . 2019 年 9 月

最后一场世界大战 . 美国挑起与输掉的战争 . 格拉济耶夫 著 . 世界知识出版社 . 2019 年 8 月

强国与富民 . 中国人民大学重阳金融研究院 主编 . 中国人民大学出版社 . 2019 年 8 月

强国长征路：百国调研归来看中华复兴与世界未来 . 王文 著 . 中共中央党校出版社 . 2019 年 7 月

“一带一路”这五年的故事（7 本六大语种）. 刘伟 主编 . 外文出版社 . 2019 年 4 月

货币起源 . 周洛华 著 . 上海财经大学出版社 . 2019 年 4 月

别误读中国经济 . 罗思义 著 . 天津人民出版社 . 2019 年 2 月

看好中国 英文版 . 王文 著 . 英国莱斯出版社 . 2018 年 11 月

中国改革大趋势 . 刘伟 主编 . 人民出版社 . 2018 年 10 月

造血金融与一带一路：中非发展合作新模式 . 程诚 著 . 中国人民大学出版社 . 2018 年 8 月

新丝路、新格局——全球治理变革的中国智慧. 王利明 主编. 新世界出版社. 2018 年 6 月

富豪政治的悖论与悲喜. 陈晨晨 著. 世界知识出版社. 2018 年 4 月

“一带一路”民心相通. 郭业洲 主编. 人民出版社. 2018 年 1 月

看好中国：一位智库学者的全球演讲. 王文 著. 人民出版社. 2017 年 10 月

风云激荡的世界. 何亚非 著. 人民出版社. 2017 年 10 月

读懂“一带一路”蓝图. 刘伟 主编. 商务印书馆. 2017 年 8 月

金砖国家：新全球化发动机. 王文、刘英 著. 新世界出版社. 2017 年 7 月

全球治理新格局——G20 的中国贡献于未来展望. 费伊楠、人大重阳

著. 新世界出版社. 2017 年 7 月

"一带一路" 故事系列丛书（7 本 6 大语种）. 刘伟 主编. 外文出版社. 2017 年 5 月

世界新平庸 中国新思虑. 何伟文 著. 科学出版社. 2017 年 5 月

一带一路：中国崛起的天下担当. 王义桅 著. 人民出版社. 2017 年 4 月

在危机中崛起：美国如何实现经济转型. 刘戈 著. 中信出版集团. 2017 年 4 月

绿色金融与 "一带一路". 中国人民大学重阳金融研究院、中国人民大学生态金融研究中心 著. 中国金融出版社. 2017 年 4 月

破解中国经济十大难题. 中国人民大学重阳金融研究院 著. 人民出版社. 2017 年 3 月

伐谋：中国智库影响世界之道. 王文 著. 人民出版社. 2016 年 12 月

人民币为什么行. 王文 贾晋京 编著. 中信出版集团. 2016 年 11 月

中国—G20（大型画册）. 中国人民大学重阳金融研究院 著. 五洲传播出版社. 2016 年 8 月

G20 问与答. 中国人民大学重阳金融研究院 著. 五洲传播出版社. 2016 年 8 月

全球治理的中国方案. 辛本健 编著. 机械工业出版社. 2016 年 8 月

"一带一路" 国际贸易支点城市研究（英文版）. 中国人民大学重阳金融研究院 著. 新世界出版社. 2016 年 8 月

2016：G20 与中国（英文版）中国人民大学重阳金融研究院 著. 新世界出版社. 2016 年 7 月

世界是通的—— "一带一路" 的逻辑. 王义桅 著. 商务印书馆. 2016 年 6 月

一盘大棋——中国新命运的解析. 罗思义 著. 江苏凤凰文艺出版社.

2016 年 4 月

美国的焦虑：一位智库学者调研美国手记．王文 著．人民出版社．2016 年 3 月

2016：G20 与中国．中国人民大学重阳金融研究院 著．中信出版集团．2016 年 2 月

“一带一路”国际贸易新格局：“一带一路”智库研究蓝皮书 2015—2016．中国人民大学重阳金融研究院 主编．中信出版集团．2016 年 1 月

G20 与全球治理：G20 智库蓝皮书 2015 – 2016．中国人民大学重阳金融研究院 主编．中信出版集团．2015 年 12 月

“一带一路”国际贸易支点城市研究．中国人民大学重阳金融研究院 著．中信出版集团．2015 年 12 月

从丝绸之路到欧亚大陆桥．黑尔佳·策普 – 拉鲁什，威廉· 琼斯 主编．江苏人民出版社．2015 年 10 月

财富新时代——如何激活百姓的钱．王永昌 主笔 & 主编．中国经济出版社．2015 年 7 月

生态金融的发展与未来．陈雨露 主编．人民出版社．2015 年 6 月

构建中国绿色金融体系．绿色金融工作小组 著．中国金融出版社．2015 年 4 月

“一带一路”机遇与挑战．王义桅 著．人民出版社．2015 年 4 月

重塑全球治理——关于全球治理的理论与实践．庞中英 著．中国经济出版社．2015 年 3 月

金融制裁——美国新型全球不对称权力．徐以升 著．中国经济出版社．2015 年 1 月

大金融与综合增长的世界——G20 智库蓝皮书 2014 – 2015．陈雨露 主编．中国经济出版社．2014 年 11 月

欧亚时代——丝绸之路经济带研究蓝皮书 2014 – 2015．中国人民大学

重阳金融研究院 主编．中国经济出版社．2014 年 10 月

重新发现中国优势．中国人民大学重阳金融研究院 主编．中国经济出版社．2014 年 8 月

谁来治理新世界——关于 G20 的现状与未来．中国人民大学重阳金融研究院 主编．社会科学文献出版社．2014 年 1 月

## 三、学术作品系列

《“一带一路”大百科》．刘伟 主编 王文 执行 主编．湖北：崇文书局．2019 年 12 月

中国绿色金融发展报告 2019．马中、周月秋、王文 主编．中国金融出版社．2019 年 12 月

轻与重：中国税收负担全景透视．吕冰洋 著．中国金融出版社．2019 年 2 月

中国绿色金融发展报告 2018．马中、周月秋、王文 主编．中国金融出版社．2018 年 7 月

全球视野下的金融学科发展．吴晓求 主编．中国金融出版社．2018 年 5 月

“一带一路”投资绿色标尺．王文、翟永平 主编．人民出版社．2018 年 4 月

“一带一路”投资绿色成本与收益核算．王文、翟永平 主编．人民出版社．2018 年 4 月

中国绿色金融发展报告 2017．马中、周月秋、王文 主编．中国金融出版社．2018 年 1 月

互联网金融风险与监管研究．刘志洋、宋玉颖 著．中国金融出版社．2017 年 9 月

从万科到阿里——分散股权时代的公司治理．郑志刚 著．北京大学出

版社. 2017 年 4 月

金融杠杆与宏观经济：全球经验及对中国的启示. 中国人民大学重阳金融研究院 著. 中国金融出版社. 2017 年 4 月

DSGE 宏观金融建模及政策模拟分析. 马勇 著. 中国金融出版社. 2017 年 2 月

金融杠杆水平的适度性研究. 朱澄 著. 中国金融出版社. 2016 年 10 月

金融监管与宏观审慎. 马勇 著. 中国金融出版社. 2016 年 4 月

中国艺术品金融 2015 年度研究报告. 庄毓敏、陆华强、黄隽 主编. 中国金融出版社. 2016 年 3 月

## 四、金融下午茶系列

有趣的金融. 董希淼 著. 中信出版集团. 2016 年 7 月

插嘴集. 刘志勤 著. 九州出版社. 2016 年 1 月

多嘴集. 刘志勤 著. 九州出版社. 2014 年 7 月

金融是杯下午茶. 中国人民大学重阳金融研究院 主编. 东方出版社. 2014 年 4 月